「10%消費税」が日本経済を破壊する

今こそ真の「税と社会保障の一体改革」を

藤井聡

内閣官房参与・
京都大学大学院教授

晶文社

装丁　佐藤直樹＋菊地昌隆（アジール）

はじめに

本書は、「10％消費税が日本経済を破壊する」ことを、様々な実証データを使いながら明らかにしようとするものです。

もちろん好むと好まざるとにかかわらず、増税はもう避けられないのだろうと「諦めて」しまっている向きも多かろうと思います。確かに、２０１９年10月に増税することは法律で定められてはいます。ですが、もちろん法律は変えられるのであり、「確定」しているわけではありません。

実際、増税予定日まで一年となった２０１８年9月20日に行われた与党・自由民主党の総裁選を機に、**「消費増税を巡る空気」**が、少しずつではありますが「確実」に変わり始めました。

そもそも、霞ヶ関や永田町で「19年の10月の消費増税」を疑う声は――本書を書き進めていた頃も含めて――ほとんどありませんでした。

ですが総裁選の直後から、**「来年の消費増税は無理ではないか？」**という声が、様々なところから聞こえ始めたのです。

その背景には、圧倒的に有利と言われた安倍総理が石破氏の「善戦」を許した点にあります。加えて政権運営の試金石とも言われた沖縄知事選挙で、与党側候補が敗北を喫したことも一つの契機となっています。

こうした結果を受け、現内閣は必ずしも世論から盤石の支持を受けている訳ではない、という認識が広がりました。そして、こうした世論状況では、国民生活に確実に打撃を与える「10%への消費増税」は難しくなったのではないか、という声が各方面から漏れ聞こえるようになったのです。とりわけ翌年（2019年）7月には参議院選挙が控えていることを踏まえるなら、「惨敗リスク」を呼び込むような消費増税をいつまでも主張しつづけることなど無いのでは、という観測が広がったのです。

——ただし筆者は、こうした短期的な「空気」の変遷とは無関係に、消費増税について一貫して、反対する主張を展開し続けてきました。より正確に言うなら、デフレ完全脱却「前」の消費増税に対して強い反対を表明し続けてきました。

2012年、民主党政権下で「消費増税」を巡る議論が喧しく展開されていた時、一人の経済政策の専門家として、消費増税を巡る参議院の国会の、当時野党であった自民党からの推薦「参考人」として招聘されました。その時筆者は、「デフレ不況から脱却する前に消費に対する『罰金』として機能する消費増税を行えば、著しく消費が低迷し、国民の貧困化は加速することは間違いない。そして挙げ句の果てに、財政それ自身をかえって悪化させてしまう。**だからデフレ脱却が確認できるまでは、消費増税を凍結すべきなのだ**」と主張しました。

あれから6年――。

その間政権は民主党から自民党の安倍内閣に移り、筆者は大学の研究・教育に加えて、安倍総理のアドバイザーである内閣官房参与として内閣で勤務するようになりました。

もちろん、消費増税の判断を含む、最終的な政策決定は総理、内閣、そして国会の場にて「政治的」に決定すべきものです。

しかし、一学者、一参与としての立場としては、「デフレ完全脱却以前の消費増税は日本経済と財政に破壊的なダメージを与える」ということは、ことあるごとに公言し、関係各位に説明差し上げて参りました。

その間、年々蓄積される膨大なマクロ経済データを様々な角度から分析し、自らの主張が間違っていないかどうかの検証を重ねてきましたが、**それらのデータは驚くほど全て一貫して、筆者の主張を支持するものばかりでした。**

本書は、2019年10月に予定されている消費増税からおおよそ一年となったこの機に、改めて「消費増税」についての筆者の見解を世に問うためのものです。

賢明なる読者各位ならば、本書に一通り目を通されれば、誰もが、デフレ状況にある現在の我が国において消費増税を行うことは、**国民を貧困化**させ、**日本を貧国化**させ、そして、挙げ句に日本の「財政基盤」そのものを破壊することにつながると確信するに違いないと、筆者は確信しています。

しかしもちろん、本書の内容をどのように判断するかを決めるのは、読者各位です。筆者ができるのは、筆者の見解を世に広く問うことを措いて他にありません。

「増税凍結」が間に合うタイムリミット——おそらく、増税まで約半年の2019年4月前後——までの時間は、限られています。ついてはそれまでの限られた時間の中で、一人でも多くの方々が本書にお触れいただくことを、そしてそれを通して一人でも多くの方々が「消費増税」について適正な意見・見解を形成し、日本が国家として真に理性的な判断を下されんことを、心から祈念しています。

2018年10月5日　大阪　中之島にて

藤井聡

「10％消費税」が日本経済を破壊する　目次

第2章　消費増税が日本を「衰退途上国」に転落させた　043

序章

集団自殺の様相を呈している「消費増税」

2019年の10月に消費税が10%になることが、「予定」されている。そもそも、国会で定めた「法律」で増税が決められているし、政府における最高決定である「閣議決定」においても、2019年の秋に増税するということになっている。しかも、2017年の総選挙の時に「10%への消費増税」を公約に掲げる自由民主党が圧倒的多数の議席を獲得し、消費増税を「国民世論が支持した」ことになってしまっている。

こうした背景の下、当方が「参与」職を務めている内閣官房周辺で議論をする政治家達、官僚達は皆、「2019年の秋に消費増税をする」のは当たり前のことだと考えている。

つまり、霞ヶ関、永田町界隈では、太陽が東から昇り西に沈むようなものとして、「2019年消費増税」が認識されているのである。

しかし、太陽は確かに何があっても東から昇るものではあるが、消費税は、政治の判断で増税延期も増税凍結することも、さらには逆に「減税」すら、何も難しいことではない。そもそも、消費税を上げるという判断は政治が決めたことなのだから、政治の力で変えられるのは、当たり前だ。

もちろん、消費増税が日本の国にとって本当に必要であり、長期的な国民の暮らしを支える政府を維持し続けるために不可欠なものなのだとしたら、たとえ国民全員が反対しようが、政治の力でもってして消費増税は是が非でも敢行せねばならない。筆者は心の底からそう思う。

しかし残念ながら、そうではないのだ。**消費増税は確実に日本経済に破壊的ダメージをもたらし、「財政基盤」それ自身を破壊するのだ。**

10％への消費増税によって、国民の消費は落ち込み、中小企業はさらなる苦境に立たされ、国民はますます貧困化し、格差が拡大し、国力は減退し、日本国家はますます激しく転落していくこととなる。しかも、増税派の人達が何よりも大切だと考えている「財政基盤」それ自身が消費増税によって破壊され、財政はさらに「悪化」していくこともまた、間違いない。

もちろん消費増税の破壊的ダメージを完全に除去しうる「財政対策」を果たすのならば、そうした事態を避けることは理論的には可能ではある。しかし、それは、消費税収で増える「以上」の政府支出を、当面の間、続けていくことが必須なのだ。逆に言うのなら、そうした「消費増税対策」が不十分である限りにおいて、日本経済も日本の「財政」も、破壊されることとなる。

つまり、10％への消費増税の破壊的ダメージは、極めて深刻なものなのである。

本書は、筆者がそう確信している数々の証拠を掲載していこうとするものである。理性ある賢明なる読者ならば、それらの証拠を見れば、消費増税が及ぼす破壊力の大きさに戦慄を覚え、是が非でも消費増税は凍結せねばならない、それよりもむしろ、減税すら視野に収めた議論を今すぐに始めねばならないと認識するであろうと、筆者は確信している。

もちろん、経済学会の中枢の論者達や大手メディアやシンクタンクの経済政策専門家達の中には、「消費増税をしてもたいした問題になんてならない」という論者が大量に存在していることを、筆者は知悉してはいる。しかし、**驚くべきことに、彼らの主張は数々の恐るべき事実誤認や誤謬に基づくもの**なのである。ついては本書で筆者は、彼らの主張の一つひとつが、如何に誤ったものであるのかも、あわせて明らかにしていきたいと思う。

読者は、そうした議論を目の当たりにすることで、皆が口を揃えて同じ「ウソ」や「デマ」を吐き続ければ、その「ウソ」や「デマ」がさながら「真実」であるかのように世間に認識され、単なる「ウソ」や「デマ」が政治的にまかり通り、それによって実際の政治が動き、その帰結として日本経済が破壊されていく——という**自殺的とも言いうる恐るべき集団心理現象**の存在をありありと認識することとなるだろう。

筆者は、総理大臣、官房長官、各大臣をはじめとした政府の中枢の政治家達や、内閣官房、内閣府や財務省の官僚達はもとより、一人でも多くの一般の国民に本書を届けたいと考えている。もちろん、その真実を知った上でも、増税するかどうかを判断するのは、日本国民であり、政府の判断だ。真実を知った上で、いやそれでも「貧困化したい」「国力を毀損させたい」「日本を破滅させたい」というのなら、消費増税でも何でも好きにすれば良いだろう。

しかし、真実を認識しないまま、ウソやデマを信じ込んだまま愚かな判断をすることだけは回避してもらいたい、と筆者は強く願っている。本書を執筆する基本的、根本的な思いは、まさにこの点にある。[*1]

10%への消費増税が予定されている2019年の秋まで、時間は限られている。本書が政治の中枢の方々を含めた一人でも多くの国民に届き、消費増税を巡る議論が適正化され、**最悪の事態を回避するため政治の歯車が大きく回り始めんことを、**強く祈念したい。

＊1　筆者の個人的な経験から言うなら、この心境は、2015年に大阪都構想の住民投票を直前に控えた大阪市民に対して『大阪都構想が日本を破壊する』（文春新書）を出版し、「大阪都構想の真実」を解説した時の心境と同様のものである。

第1章

「8%増税」のせいで庶民が貧困化している

8%消費増税で、一世帯あたり年間「34万円」も貧しくなった

２００９年から２０１２年の民主党政権時代、日本経済がどん底だった頃、株価の日経平均は1万円を割り込んでいた。ところが今は、株価は2万円を上回る水準にある。

株価が一気に2倍から3倍もの水準になったわけだから、これだけを見れば確かに、景気が良くなったような気にもなる。事実、メディアや世論では、何気に景気が良いという気分が広がっている。

しかも、ＧＤＰ（国内総生産・実質値）なる指標を見れば、2年間（8四半期）も連続で成長し続けた。そして各メディアはこの状況を、**戦後二番目に長い高度経済成長期の「いざなぎ景気」（昭和40年〜45年、57ヵ月間）を抜いた**と、日本経済は素晴らしい景気状況にあるという「イメージ」でもって好意的に報道した。

しかしその一方で、暮らしぶりが良くなったと感ずる庶民がほとんどいないのが実態だ。

例えば、「いざなぎ景気超え」を果たしたと言われた昨年（２０１７年）の年末に行われた世論調査では、**景気回復を「実感していない」という回答が実に82%に上っていた**。[*2]

では、庶民の景気実感は、間違っているのだろうか。実質的な「暮らし」は改善しているのに、それを理解していないのだろうか？

この点を確認するには「データ」を見ればよい。

まず、図1をご覧頂きたい。

これは、2014年の消費増税前後の「各世帯」の年間消費額のグラフだ。

ご覧のように、消費増税直前には、各世帯は年間369万円消費する勢いを持っていた。

しかし、増税直後からその支出額は激減していく。そして、現在では335万円へと縮小してしまっている。

そもそも消費税というものは、消費者にとっては、**「消費行動についての罰金」**のようなものだ。だから、消費税を上げれば、必然的に消費にブレーキがかかることとなるわけだ。

いずれにせよ、私たちの世帯は平均で、消費増税によって実に年34万円（369万円→335万円）もの消費を削ることとなったのである。

これは別の角度から言うなら、**消費増税のせいで、私達は一世帯当たり年間34万円分も「貧しい暮らし」を余儀なくされるようになった**ことを示している。

当たり前の話だが、年間34万円といえば、決して少ない金額ではない。これは、消費増税の直前の消費水準からすれば実に9・2％もの水準に達する。つまり、**消費増税によって、私たちは、買えるモノが1割近くも少なくなってしまった**、というわけだ。

＊2 『景気回復「実感していない」82％ 朝日新聞世論調査』朝日新聞デジタル、2017年11月14日。

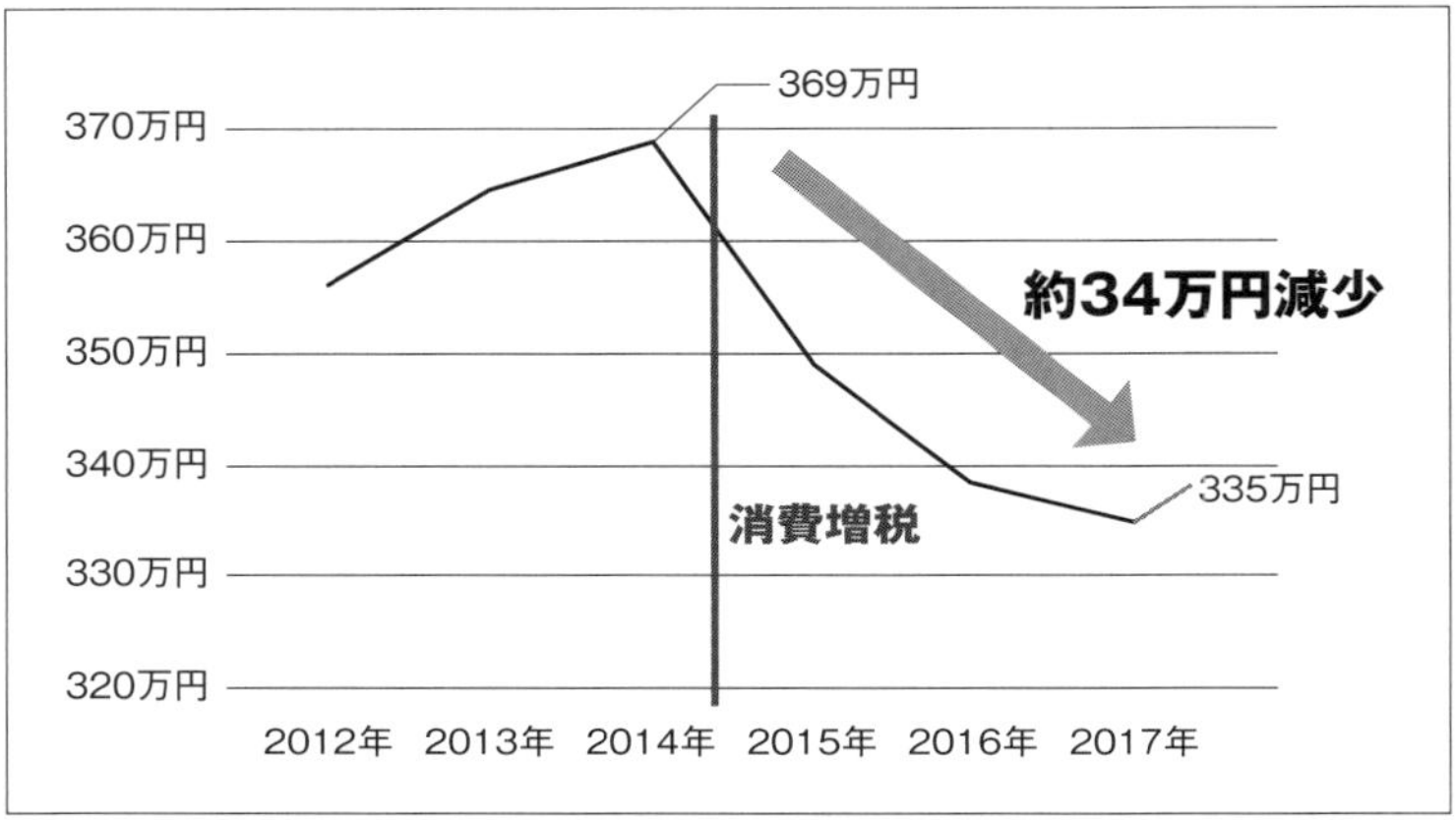

図1　消費増税前後の、各世帯の消費支出額の推移
＊　総務省統計「一世帯一カ月間の支出（二人以上の世帯）」の各年の「1月」の名目消費支出総額を、同月の消費者物価指数（2017年1月基準）を用いて求めた実質値に基づいて12ヵ月分の消費に調整した数値。

一世帯あたりあと34万円もあれば、一体何が買えるだろう──？　ちょっと贅沢な旅行も行けたかも知れないし、一流レストランにも何回か行けたかも知れないし、もっといいスーツを買ったりドレスを買ったりできたかも知れない。あるいは、今、苦しい暮らしを余儀なくされている世帯においては、34万円もの現金があればどれだけ助かっただろうか──でも、「消費増税」によってそれらが全てなくなってしまったのである。

とはいえそもそも「**消費税増税**」というのは「**政府が国民から巻き上げるオカネを増やす**」ことを意味しているのだから、こうなるのも当然だ。

こんな状況で、どれだけ政府がまとめる統計や株価が良好な数値を示していた

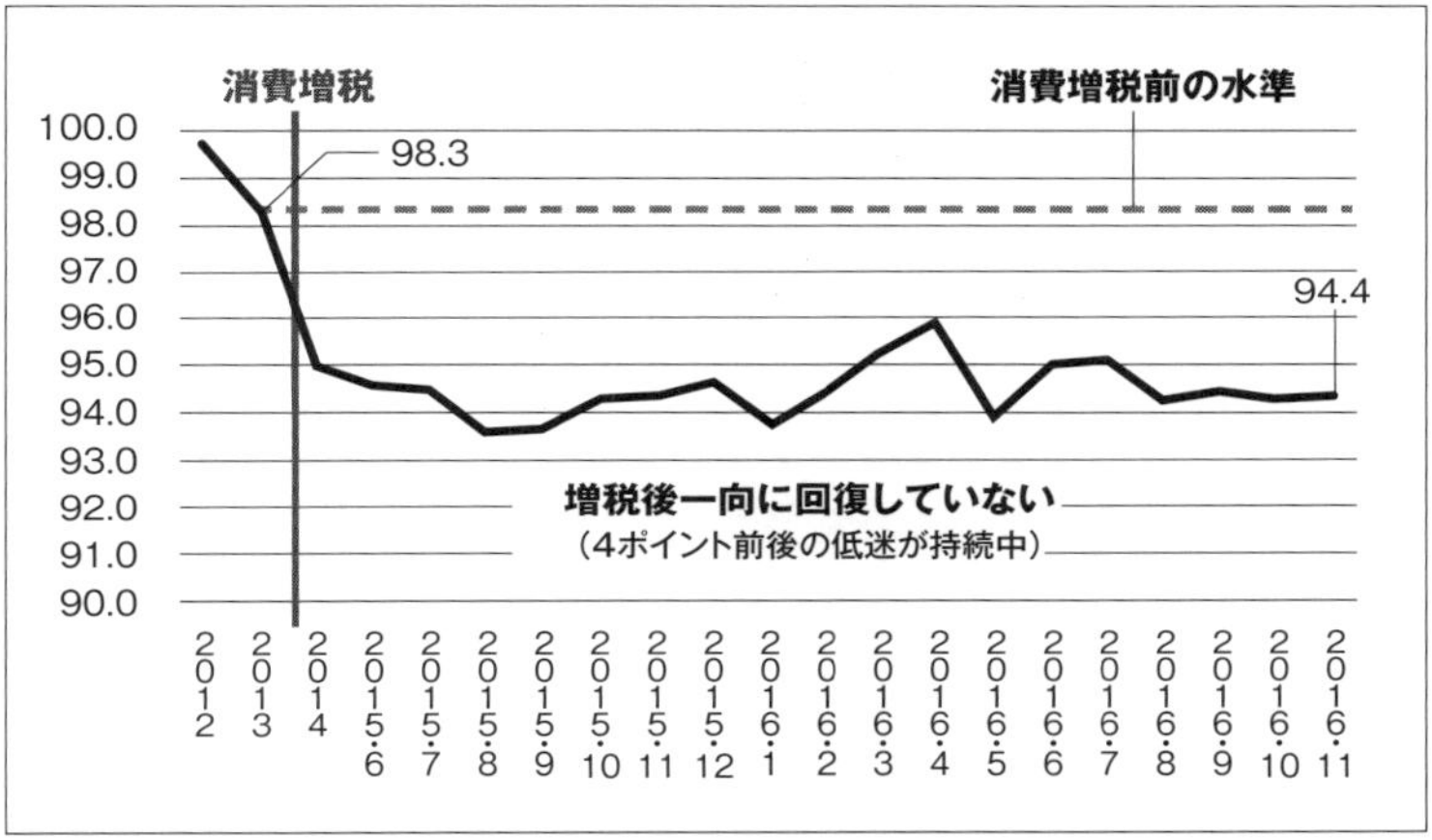

図２　決まって支給する給与（実質値）
＊　事業規模５人以上の企業の給与、2010 年平均を 100 として規準化

としても、庶民が「景気の良さ」など実感できる筈はなかろう。経済上の良好な各指標と裏腹に、消費増税以降、庶民の暮らしは確実に苦しくなったのである。

「給与」の水準も下がったまま

それぞれの世帯の所得は主として何から来ているかと言えばもちろん、その大半が「給与」だ。

図２は、そんな給与の中でも代表的なサラリーマンの給与（決まって支給する給与）の水準の推移を示したものだ。

このグラフは、各時点の給与水準を「２０１０年を１００」として示したものだが、ご覧のように、２０１０年以後、サラリーマンの給与は少しずつ下落してきており、とりわけ、消費税が増税された2014年には、前年から3%以上も減少したことが分かる。

その後、消費増税のショックから1年が経過した2015年になって給与は上向いてきたのかと言えば、全くそうではない。微増微減を繰り返し、その後2年が経過した時点でも全く回復していないことが分かる。

庶民の貧困化は、残念ながら消費増税後に一気に進行し、その後その状況から這い上がれない状況となっているわけである。

国内企業の99%を占める「中小企業」の景気は、年々「悪化」し続けている

そもそもテレビや新聞では、政府が公表する「景気判断」は毎年「改善」基調を示しており、これだけ好景気が続くのは戦後二番目のことだ——と報道されている。だから国民の給料だって増えていたとしても不思議ではないはずなのだが、実態は、その逆に給与は消費増税直後から「下落」している。

この矛盾は一体どこからやって来たのか?

そもそも、政府が公表している「景気判断」は、多分に、輸出企業や株式上場企業などの「大企業」の経営状態を色濃く反映している。しかしそんな大企業に勤めている国民はごく

一部に限られている。おおよそ国内の企業の99％以上が「中小企業」なのだが、彼らの景況判断は、政府が公表する日本全体のマクロな景気判断の際には、大して考慮されてはいない。そして、彼らの景気は、年々改善どころか**「悪化」**し続けているのが実態なのだ。

図3をご覧頂きたい。

これは、**中小企業DI**と呼ばれる尺度だ。

この尺度は、中小企業の**「景況感」**を意味しているもので、「景気が良い」と判断している企業の割合から、「悪い」と判断している企業の割合を差し引いた尺度だ。だから、この尺度が「プラス」であれば、中小企業は全体として「景気が良い」と判断できる一方で、「マイナス」であれば、「景気が悪い」と判断できる。

まずこの図から分かる第一のポイントは、この10年間、**中小企業DIは一貫してずっと「マイナス」**だということだ。このことはつまり、（リーマンショックという大きな経済ショックがあった2008年以降の）過去10年の間、景気が良くなった中小企業よりも悪くなった中小企業の方が一貫して多い、ということだ。つまり、中小企業の景気は過去10年の間一貫して悪化し続けているわけだ。

そもそも中小企業は日本の企業の99％以上を示しているわけで、日本の労働者の大半がそこで働いている。だからこのデータは要するに、**日本人の大半の暮らし向きが一貫して悪くなり続けていることを示しているわけだ。**

ただし、その「悪化の速度」それ自身は、リーマンショック時に「どん底」の状況にあったのだが、その後、一貫して「マシ」になり続けていたことが分かる。

この図に示したように、リーマンショック時に「マイナス60」という凄まじい状況にあった（これは、例えば、20％程度の企業が景気が良いと答え、80％が悪いと答えていた、というような状況に対応する数値であって、つまり大半の中小企業が状況が悪いと答えるという、とんでもない最悪状況にあったわけだ）。

ただしその後、状況改善していき、消費増税をする前、2014年の前半時点では「マイナス25前後」という水準にまで改善していた（これは、例えば、景気が悪いと答える企業が50％強いるが、良いと答える企業が30％弱はいる、という状況だ。もちろん、「悪い」と答える企業の方が25％も多いのだから、決して中小企業にとって全体として良いとは言えないのだが、かつての最悪の状況に比べれば随分と「マシ」な状況に改善したということになる）。

ところが、消費税が増税された2014年4月以降、その改善の歩みが「ピタリ」と止まった。それから4年間、中小企業の景況感は一切改善されずじまいとなった。

なお、繰り返すが「ピタリと止まった水準」は「マイナス」の領域であることを忘れてはならない。「改善の度合いが止まった」のだから、ある程度改善したわけでいいじゃないか、と「勘違い」する向きがあるのかも知れないが、改善したといっても「悪化の速度がましになってきた」というだけの話であって、「悪化し続けている」ということには変わりない。

図３　中小企業 DI の推移
＊　データ出典：中小企業庁

つまり、よくよくデータを観れば、大半の国民にとっては今の日本経済の状況は「戦後二番目の好景気だ！」と小躍りするような状況からはかけ離れた状況にあるのだ。

そしてそんな大半の国民にとって苦しい状況が未だに継続している原因は、「２０１４年の８％消費増税」にあることを、各種データが一貫して示している。一般国民の暮らし向きに直結する「消費」や「賃金」や「景況判断」がいずれも、２０１４年の消費増税を契機として悪化した、というのが、紛う事なき真実なのである。

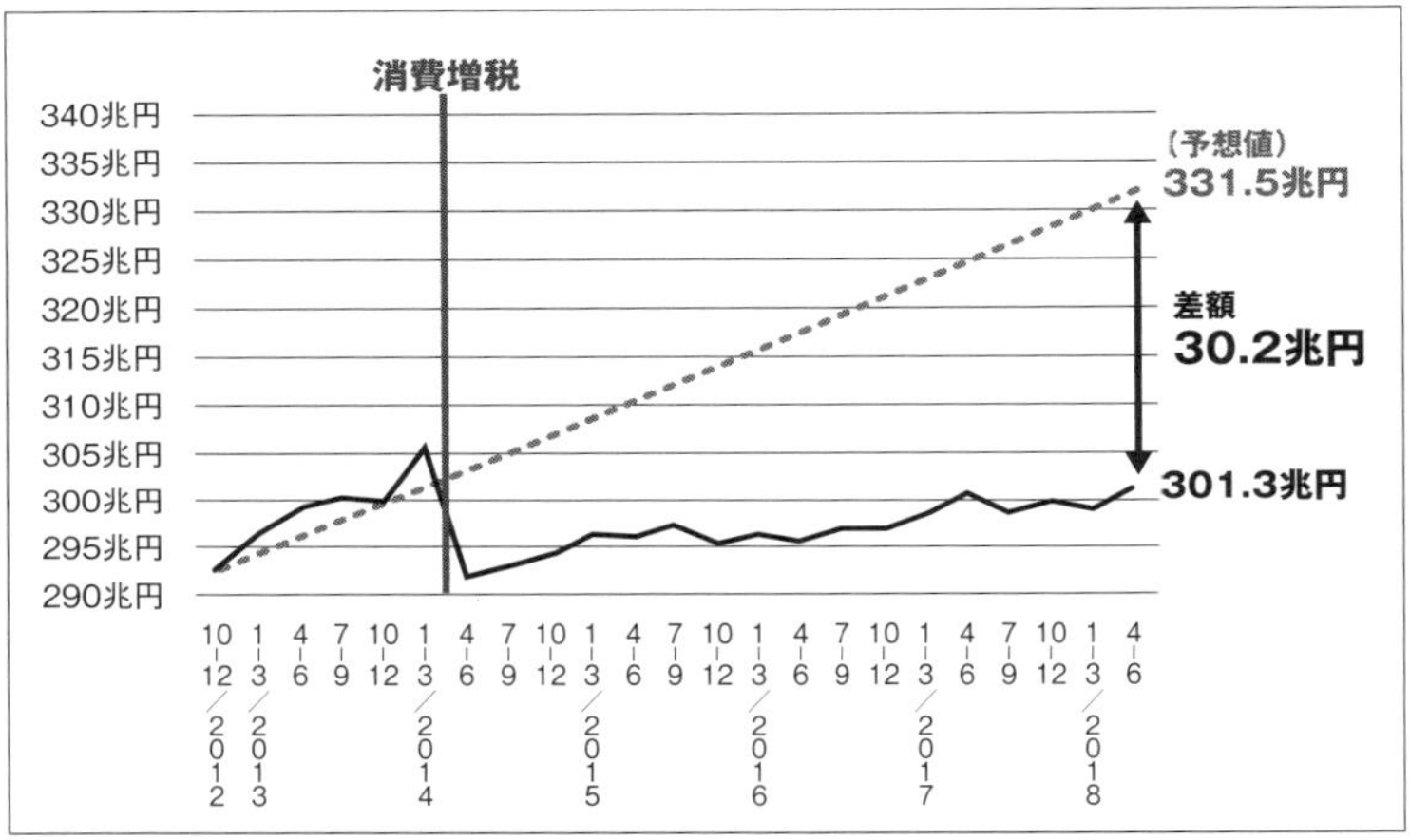

図４　消費（実質値）の推移

＊　点線は、増税前の勢いで拡大していた場合の消費の推移。駆け込み需要の影響を排除している。

消費税増税で、日本全体の消費が激しく冷え込んだままである

以上の議論とデータを振り返ると、庶民の暮らし向きは「消費増税」によって大きなダメージを被ったことは明白なのだが、どうやら日本全体のマクロ経済の具合だけは良いようだ——と思われた読者も多かろうと思うが、実はそうでもないのだ。庶民の暮らし向きだけでなく、全ての経済活動を含めたマクロ経済それ自身の状況も、消費増税以後、深刻な状況になりつつある。

まず、図４をご覧いただきたい。これは、日本国内の「消費」の総額（実質値）の推移だ。

そもそも「消費」というものは、日本経済全体の「6割」を占める。つまり、日本国内で使われている全てのオカネの6割が、私達国民が商店やレストランで行っている「消費」によってやりとりされているわけだ。だから、経済成長において最も大きな役割を担うのが消費の拡大なのであり、したがって消費は経済成長における「メイン・エンジン」だ。

図4は、その経済成長の「メイン・エンジン」である消費の動向を示したものである。

ご覧のように、安倍内閣が誕生してから消費増税を行う2014年4月まで、消費は順調に増大していた。この時の消費の増大ペースは、年間7兆円。[*3] この7兆円はまさに、「アベノミクス」によってもたらされた「成果」だ。

ところが、消費増税によって消費は一気に縮小。せっかくアベノミクスでもたらされた7兆円の成果は全て吹っ飛んでしまう。増税前後で比較すれば、消費の下落幅は実に14兆円という凄まじい水準に達した。結果、アベノミクスを始める時点よりもさらに低い水準にまで、消費が冷え込んだ。

あれから4年間、少しずつ消費は拡大しつつあるものの、その回復ペースは年間約2・4兆円ずつという極めて遅いものだった。したがって、未だに消費増税前のピークの水準から「5兆円も低い水準」にしか至っていない。つまり、消費増税後、消費は冷え込んだままで

＊3　消費増税直前の駆け込み需要の影響が現れる2014年の1〜3月期を除いたペース。

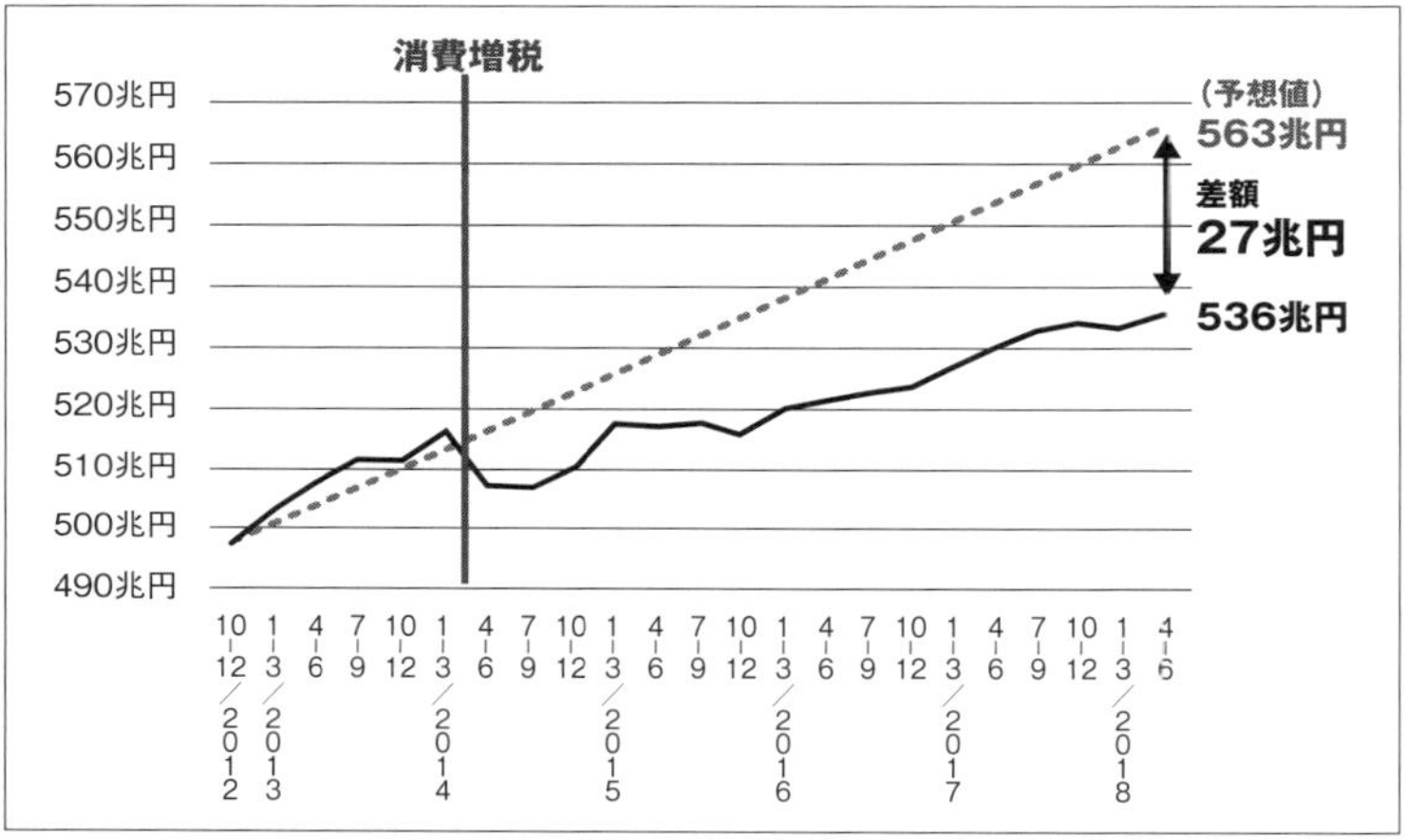

図5　GDP（実質値）の推移
＊　点線は、増税前の勢いで拡大していた場合の実質GDPの推移。駆け込み需要の影響を排除している。

あり、４年が経った今もその傷は癒えていないのだ。

ちなみにもし仮に「消費増税」が行われていなければ、消費がこれほど激しく冷え込むこともなかったのは間違いない。繰り返すが、消費税は消費に対する「罰金」のようなものとして機能するものだからである。

ここで、消費増税前の年７兆円のペースでこの４年間消費が拡大していたと考えれば、今日の水準よりも約30兆円も、高い水準に至っていたことが予期される(図４参照)。

なお、消費はＧＤＰの要素であるから、消費が30兆円も拡大していたとすれば、我が国のＧＤＰは、今よりも30兆円も大きなものであった。事実、図５に示すように、ＧＤＰの推移から、消費増税がなかった場合のＧＤＰの水準を推計すると、やはりおおよそ30兆円にあたる27兆円も高い水準に、今日のＧＤＰが至っていたであろうことが推計されている。つまり、私達日本国民は、トータルとして、消費税増税によって約30兆円もの所得を「失った」のである。

経済が成長しているように見えたのは「輸出が伸びたから」である

ところで、経済成長のメイン・エンジンである消費が冷え込んでおり、したがって、日本経済全体が、「衰退」していても不思議でないはずなのだが、どういうわけか、「成長」しているとのイメージの報道が繰り返されているのはなぜなのかと言えば――それは偏に「世界経済が好調なおかげで、輸出が伸びているから」だ。

まず、消費増税前の時点から、我が国のＧＤＰがどれだけ伸びているのかと言えば、約18兆円（実質値）。そして、この成長に最も寄与しているのが「輸出」だ。図6に示すように、この間、**輸出は実に約15兆円も増えている**。つまり、もしも輸出が伸びていなければ、この4年間にＧＤＰはたった3兆円（18兆円―15兆円）、一年あたり約０・７〜０・８兆円、成長率にして実に年率平均約０・２％しか伸びなかったわけだ。

これでは実質的な「ゼロ成長」だ。しかも、輸出の変動には波及効果もあることから（乗

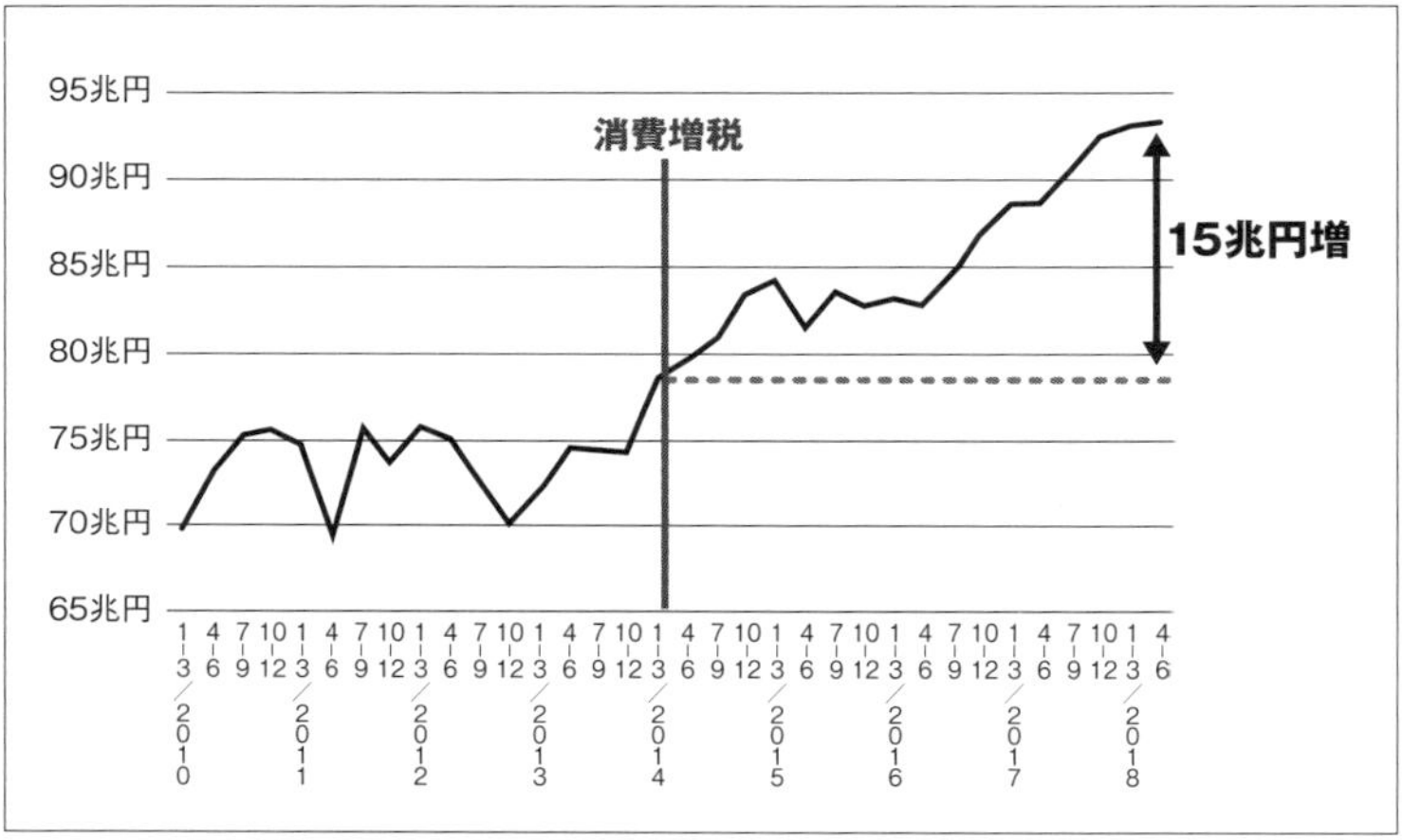

図６　輸出額（実質値）の推移

数効果と呼ばれる）、実際には、20～25兆円程度GDPが小さかったことも予期される。だとするなら、ゼロ成長どころか**「マイナス成長」**となっていたこととなる。

いずれにせよ、成長のメイン・エンジンである消費が冷え込んでいる中、我が国がどうにかこうにか成長できたのは、「輸出」が伸びていたからなのである。

ちなみに輸出の伸びは、「円安」の影響もあるが、諸外国、とりわけ世界最大の経済大国アメリカの「好景気」が最大の原因だ。そもそもどれだけ日本が「輸出」を伸ばそうとしても、買ってくれる外国人がいなければ輸出は伸びないからだ。つまり消費増税以後の**「経済成長」**は、自力での成長でなく、あくまでも**「他力」**での成長だったのである。

「米国等の好景気」がなければ、消費増税によって日本は「衰退」していた

ところで、増税後の4年間で、「輸出」の次に大きな伸びを示したのは、「民間投資」であった。その伸びは約8兆円だ。

ただし、この8兆円の伸びも、「輸出の増加」が大きく寄与したものだ。

そもそも民間企業が投資を拡大するのは、「需要」つまり「客」の「増加」に対応するためだ。「需要=客」が増えたら、店舗を増やしたり新しく機械を導入するために「投資」を行う。そしてそんな主たる需要は「国内の消費」と「海外への輸出」の二つである。要するに、各企業は日本人に買ってもらうか外国人に買ってもらうために、投資をするわけである。

そして、先に述べたように前者の日本人が買う「国内の消費」は、この4年間で5兆円も縮小している一方で、外国人が購入する輸出の方は15兆円も拡大した。だから、この4年間の8兆円の投資の伸びの多くは、内需に対応するためというよりはむしろ、輸出が15兆円も伸びたことに対応するためのものと考えられるのである。

したがってもしも輸出がこの4年間で全く伸びていなかったら、民間投資が8兆円も増進したとは考えられず、むしろ消費が縮小した分、「縮小」していた可能性すら考えられるであろう。事実、2018年度に「大企業」は約3・5兆円の投資を拡大する見込みである

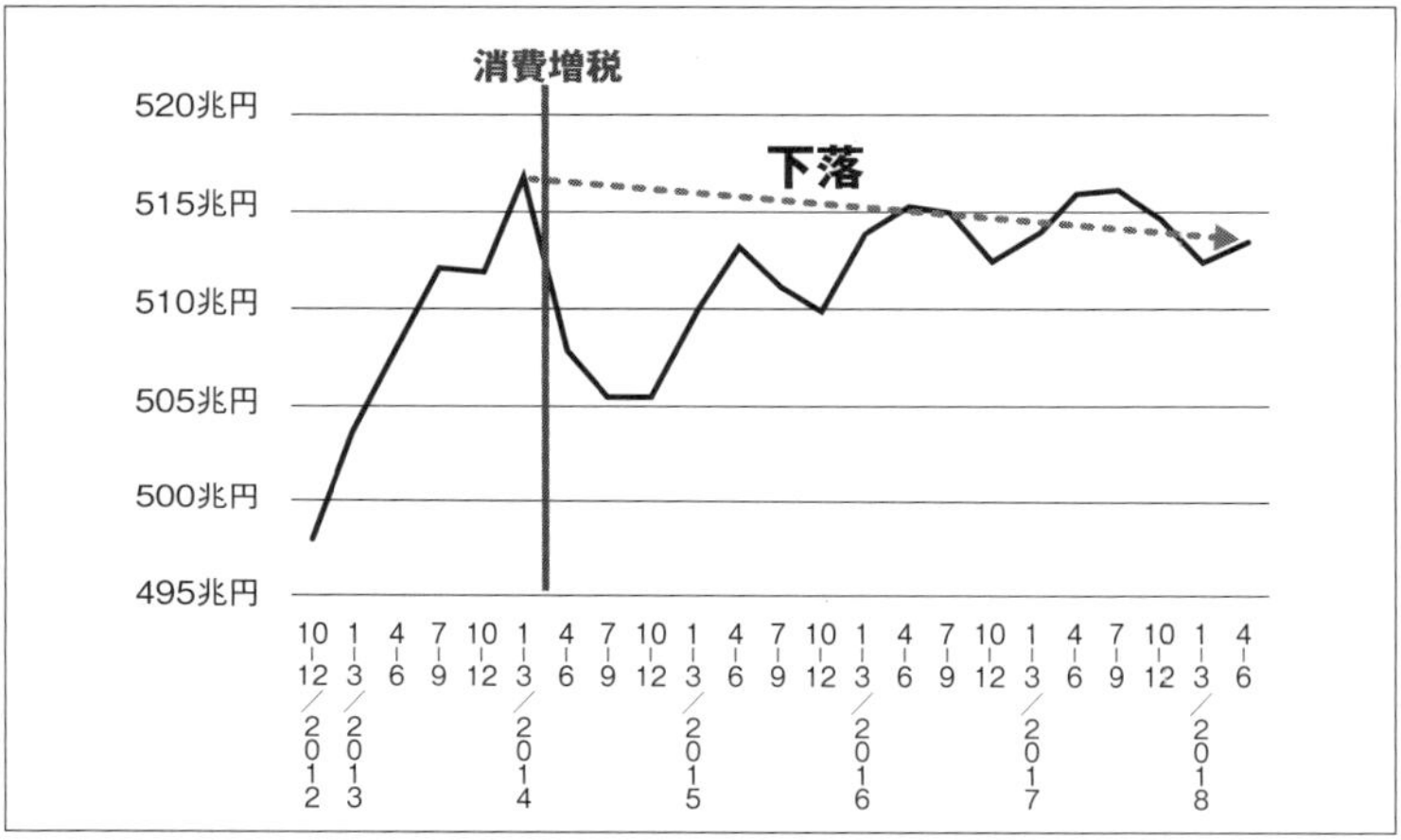

図７　輸出と民間投資の消費増税直前期（2014 年第一四半期）からの増加がなかったと想定した場合の実質ＧＤＰの推移

ことが報道されているが、[*4] ２０１８年度の「トータル」の投資の伸びは3兆円前後に収まりそうな状況にある。[*5] つまり、中小企業は投資を拡大するどころかむしろ「縮小」させている一方、大企業だけが投資を拡大している。言うまでもなく、中小企業よりも大企業の方が「外需」対応企業が多い。だからこの中小企業の投資は縮小し、大企業の投資が拡大しているという傾向は、今の投資の伸びは「内需」でなく「外需」に対応するためのものと断ずることができよう。

ついてはここで２０１４年当初からの輸出の増加（ならびに、それに伴って生じた投資額の増加）がなかったと想定した場合のＧＤＰ（実質値）の推移を図7に示す。ご覧のように、こうした輸出の増加がなければ、図4に示した消費の推移と同様に、GDPは増税後に一気に（10兆円以上）「下落」し、それ以後徐々に回復しつつあるものの、未だに増税前のピークには至っていないことが分かる。

つまり、世界経済の好況という「他力」がなければ、日本経済はやはり、消費増税によって「衰退」していたのである。

リーマンショック級の世界経済危機は、今すぐ起きても不思議ではない

ちなみに「外需」は外国の事情でいとも容易く冷え込む。そしてこの状況でそんなことが起これば、消費増税によって衰弱しきった貧弱な日本経済の真の姿が露わになることだろう。

そして誠に残念ながら、世界経済はいつ何時、2008年のリーマンショックや1997年のアジア通貨危機のような経済ショックが起こってもおかしくない状況に至っている。今日の世界経済の状況は、10年にも及ぶ長期的な米国経済の好景気の中、原油価格が上昇しつ

＊4 『今年度の設備投資計画、伸び率が80年度以来の高水準』朝日新聞、2018年8月6日。
＊5 本書執筆時点では、2018年度の第一四半期と第二四半期の投資実績データしか公表されていないが、その両期間の投資実績の平均は2・8兆円に留まっている。

つある。この状況は、リーマンショック前夜とよく似た状況だ。米国の「バブル」を膨らませている家計消費が原油価格の上昇に伴う物価上昇によって冷え込み、そのバブルがはじける可能性があるからだ。そしてさらに、米中貿易戦争による関税上昇を受けた物価上昇圧力や、米国の「利上げ」が、その可能性を増大させている。

万一、消費増税によって内需がこれだけ弱々しい状況に至っている中で世界的な経済危機が勃発すれば、衰弱した日本経済は恐るべきダメージを被るであろう。

「消費増税で、かえって税収が減る」という「逆転」現象

このように、消費増税によって日本経済の「成長エンジン」が大きく傷つき、外需（輸出）の後ろ盾がなければ、既に「衰退」し始めている状況にあるわけだが、そうしたことはもちろん事前に、簡単に予想できたことだ。しかしそれにもかかわらず消費増税が２０１４年に断行されてしまったのは、近年赤字続きの政府の「財政」を改善するためには、税収を増やしていくことが必要だと考えられていたからである。

つまり、２０１４年の消費増税は「税収を増やして財政を改善することが今は是が非でも必要だから、経済が少々悪くなるが、消費増税は致し方ない」という判断の下、断行されたのだ。

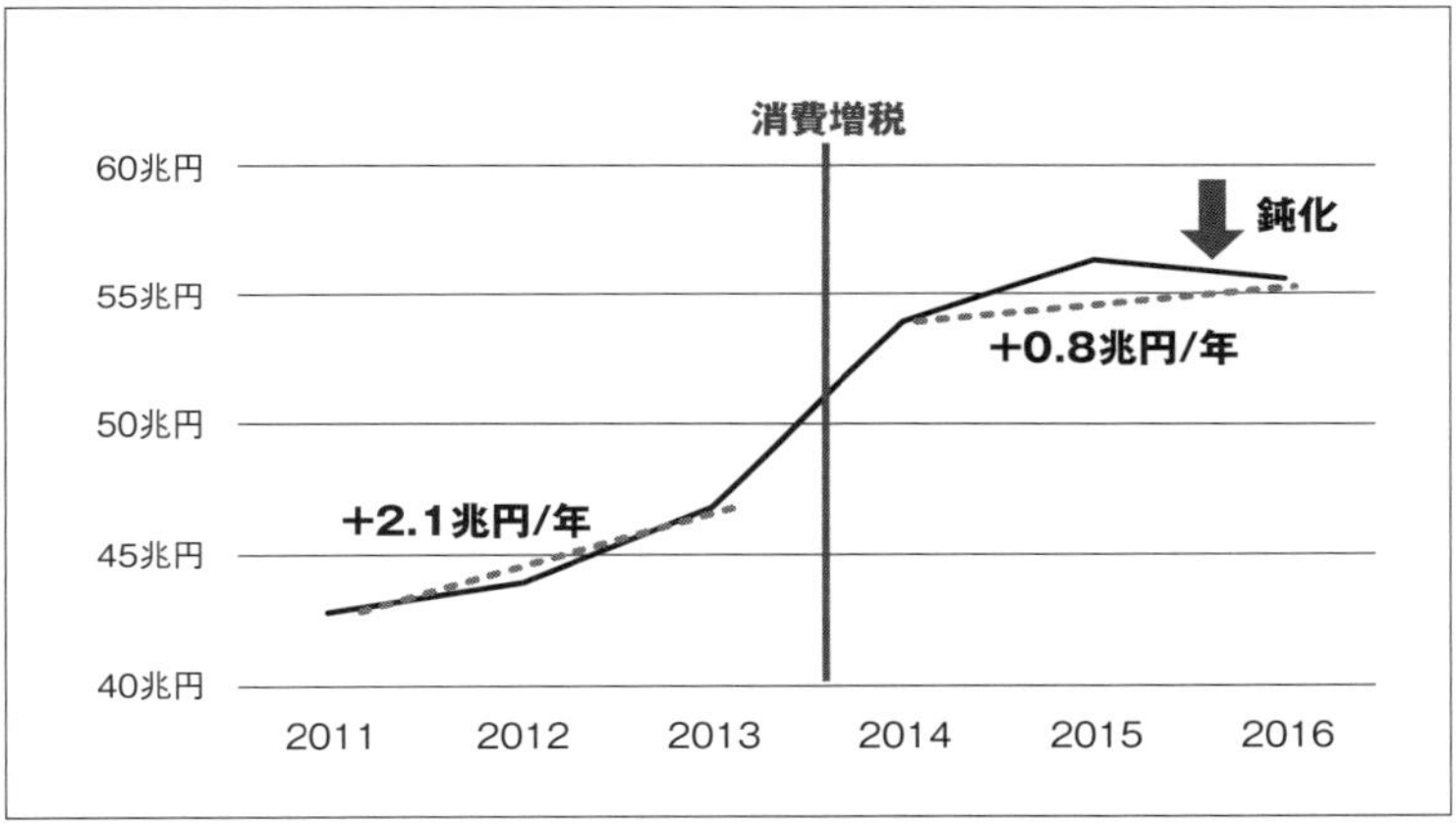

図８　総税収の推移

だとするなら、消費増税がここまで日本経済を痛めつけたことが明らかな以上、せめて、税収が増えていてもらいたいところなのだが――残念ながら、消費増税は経済のみならず「税収」に対してすら「ダメージ」を与えているのが実態なのだ。

図8をご覧頂きたい。

この図は、２０１４年前の消費増税前後の税収（現時点での確定値）の推移だ。

ご覧のように、２０１４年の消費税増税を行うまでの2年間、年率２・１兆円のペースで税収が増大していた。これはもちろん、経済全体が成長していたからである。経済が活性化し、国民の所得が増え、企業活動が活性化した結果、所得税や法人税等が拡大したのである。なお、一般にこういう成長に伴う税増収は「自然増収」と呼ばれている。

その後、2014年に税収は確かに7兆円も拡大した。これはもちろん**消費増税の「短期的なプラス効果」**だ。

ところが、その後の税収の伸びは、かつてよりも格段に「スロー」なペースに「鈍化」した。ご覧のように年率0・8兆円というペースに下落したのである。つまり、自然増収のペースは、年率で1・3兆円（＝2・1―0・8兆円）も「鈍化」してしまったのである。これは、**消費増税の「長期的なマイナス効果」**だ。

ここで、もし仮にこの増税前後の自然増収のペースが、以上に示したものであったと仮定すれば、早晩、**「増税しなかった方が税収が高くなる」**という「逆転」現象が生ずることとなる。増税によって「短期的」に税収が7兆円増えたものの、自然増収は年率で1・3兆円も低下するため、「長期的」に言えば、（2013年から）「5～6年」で「逆転」が生ずることが予期される。[*6] つまり、2018年前後には、消費増税などしなかった方が税収が高くなる可能性すら、考えられるわけである。

なお、2014年以降の経済成長は「外需頼み」のものであったが、言うまでもなくこの「外需の増加」はもちろん「自然増収の増加」を導いている。したがって、もしもこの「外需（輸出）の拡大」がなかったとすれば、2014年以降の増収ペースはもっともっと低かったわけだ。だから、輸出の伸びさえなければ、その**「逆転」はもっと早く起こった筈だ。**

事実、後ほど詳しく説明するが、「外需のサポート」がなかった1997年の消費増税の時にはその「逆転」は、増税の「翌年」に生じている。

いずれにせよ、消費増税論者は税収に対する「プラス効果」にしか目が行っていないようだが、実際には税収に対してすら強烈な「マイナス効果」を持っているのだ。今の日本の財政が厳しい状況にあるのは、この「真実」が専門家や政治家の間でほとんど認識されておらず、消費増税が繰り返されてきてしまったからなのである。

消費税増税の破壊的ダメージを、決して過小評価してはならない

我が国では今、2019年10月に8%から10%への消費税増税が行われることが当たり前のように言われている。そうした論調の背後にあるイメージは、「2014年に消費増税を行ったが、その後も成長しており、消費増税のダメージは限定的だ」というものだ。

しかし**そのイメージは完全なる事実誤認**だ。

ここで改めて、本章で確認したいくつかの「事実」を振り返って見よう。

そもそも消費税というものは消費の「罰金」として機能するものであり、消費増税は確実に消費を冷え込ませる。実際、消費増税後、国内の消費は14兆円も下落した。その後、少し

＊6　消費増税による税収の増加7兆円／増税しないことによる自然増収のペース増分1・3兆円＝5・4年

ずつ消費は回復しているものの、4年が経過した今もなお、増税前のピークの水準には至っていない。

この消費の冷え込みは、一世帯あたりに換算すれば年率で34万円。つまり、増税後、一般庶民の暮らしは34万円分「貧しいもの」となってしまった。結果、国内のあらゆるビジネス環境は悪化した。とりわけ、中小企業のビジネスは年々悪化し続けている。そしてそのあおりを受ける形で、国民の給与所得も下落してしまった。

ただし、消費増税時点から好調となった米国を中心とした世界経済の好景気の余波を受け、「輸出」だけは拡大していった。その拡大量は実に15兆円。15兆円と言えば、消費増税によって冷え込んだ消費の最大下落量14兆円を凌駕する水準だ。その結果、トータルとして日本経済は少しずつ成長することとなった。しかし成長とは言ってもこうした外需依存の成長はもちろん、「日本経済の実力による成長」ではない。仮にこうした外需の増加という「特別ボーナス」を除いて考えれば、**日本経済は増税によって着実に「衰退」**したという真実が明らかになった。

一方で、**もしも消費増税がなければ、**消費は冷え込むどころか拡大し、2018年時点で今よりも**GDPが30兆円近く高い水準に至って**いたことも想定された。約30兆円と言えば、国民一人あたりの所得に換算すればおおよそ20万円~25万円程度。それだけの追加の所得があれば、日本国民は今日のような貧困化とは正反対に、より裕福な状況に至っていたに違いない。逆に言うなら、私達日本国民は、消費増税によって、年間でトータル30兆円、国民一人あたり一年で20万円から25万円もの所得を失ってしまったのである。

しかも、増税しなかった方が「豊か」であったと考えられるのは政府も同様なのである。増税によって経済成長率が鈍化し、自然増収のペースも鈍化してしまい、早晩、増税しなかった方が税収が多かったという「逆転」現象が起こるのは必至の情勢なのだ。

このように、２０１４年の消費増税は、日本経済に大きなダメージを与え、成長どころか「衰退」する状況を導いた。外需・輸出という「ボーナス」のお陰で表面的には好調に見えてはいるが、実態的には庶民の暮らしのみならず、政府の財政までもが確実に「貧困化」しているのだ。

それにもかかわらず消費税を10％に増税するのは、庶民の暮らしぶりの視点から見ても、マクロ経済の視点からも、そしてさらには政府の財政の観点から考えても、単なる「自殺行為」に過ぎないのである。

第2章

消費増税が日本を「衰退途上国」に転落させた

２０１４年の8％への消費増税は、日本国内の「消費」を一気に冷え込ませ、日本経済に激しいダメージをもたらした。

だとするなら、かつて3％から5％へと消費税率を引き上げた１９９７年においても、やはり同様のダメージをもたらしていた可能性が十分に考えられよう。

事実、結論から申し上げるなら、１９９７年の5％への消費増税は、おおよその国民のイメージを遥かに超えた凄まじい破壊的インパクトを我が国経済にもたらしているのだが――本章ではそうした結論を導いた数々の「証拠」を、一つひとつ確認していくこととしよう。

日本はもはや、「経済大国」ではない

多くの国民が自覚していないのかも知れないが、世界の中で日本は、もはや既に「経済大国」の地位を完全に失っている。

図1をご覧いただきたい。

この図は、最新の世界統計が報告されている２０１５年と、その20年前の１９９５年の、世界各国の「ＧＤＰ」（国内総生産）のシェアのグラフだ。ＧＤＰとは、先にも述べたように、その国の各経済主体の「所得」の合計値だから、ＧＤＰが高い国ほど「カネ持ち」だということだ。

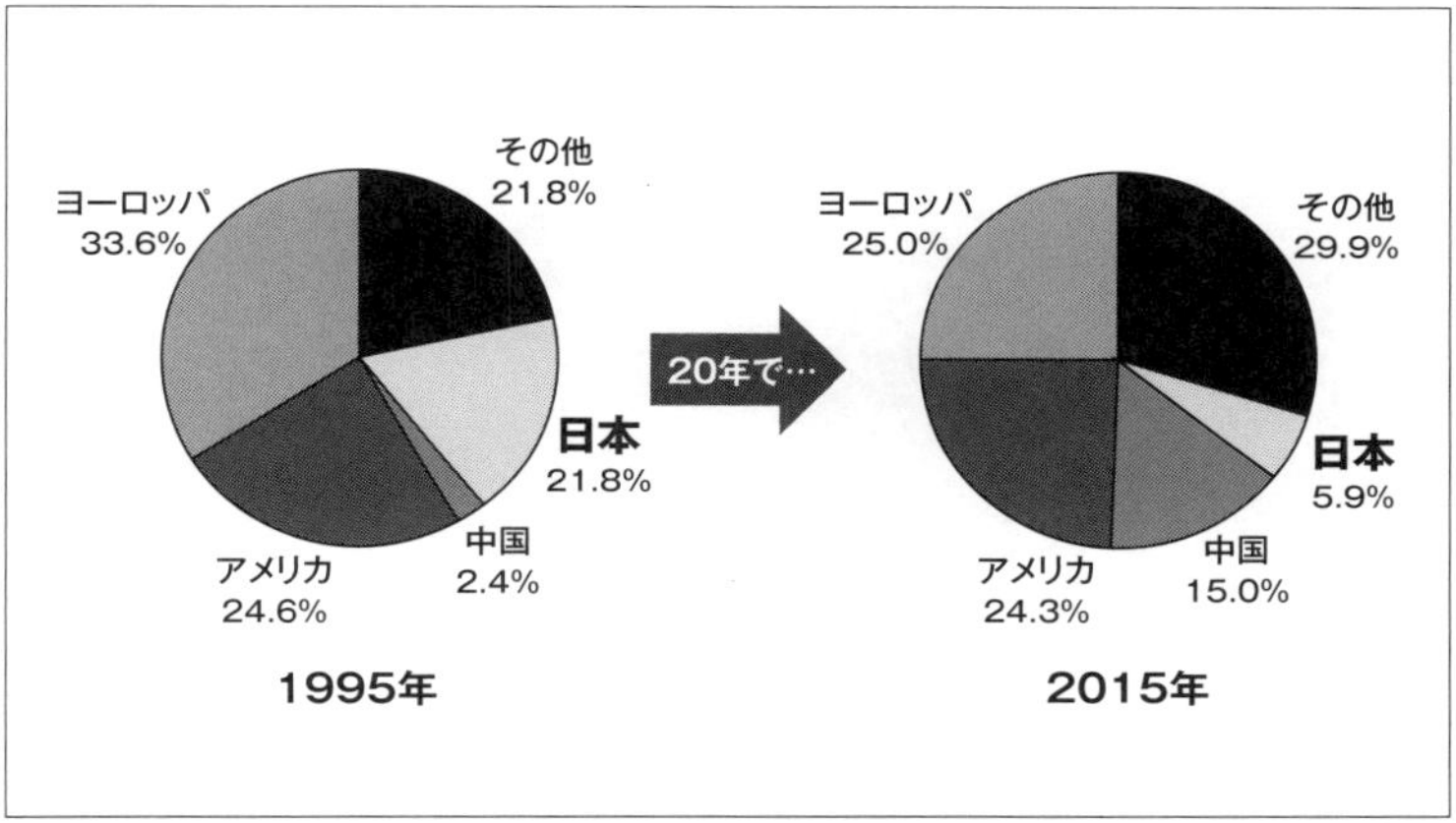

図１　世界各国のGDPシェア（ドル建て）の推移
＊　データ出典：『世界の統計2017』

このグラフが示しているのはまず、今から約20年前の１９９５年当時、日本人は、世界の２割近くのオカネを稼ぎ出す程の、超カネ持ち国家であったという事実だ。

その水準は、**アメリカやヨーロッパ**（これは、ロシアも含むヨーロッパ内の全国家を意味する）**の水準に肉薄する**程のものだった。

ちなみに「稼ぐ」ためには、買ってもらうことが出来る財やサービスを「生産」する力がなければならない。だから、それだけ日本人が「カネ持ち」であったということは、様々なものを生産する「経済生産力」も、世界有数のものがあったということだ。

つまり、今から20年前の90年代の日本はまさに、誰もが認める**「経済大国」**だったわけだ。

ところが、最新の統計である２０１５年の

グラフを見ると、様変わりしていることが分かる。

日本のGDPのシェアは、かつての三分の一の5・9％にまで凋落している。その間、アメリカやヨーロッパのシェアはそれほど劇的な変化を遂げているわけではない。だから日本だけが激しく、衰退したわけだ。アメリカやヨーロッパと比べれば、日本のシェアは今や彼らの「四分の一」の水準にまで縮退している。

代わりに躍進したのが中国だ。今や中国のGDPシェアは、かつての日本とほぼ同様の水準にまで拡大している。つまり我が国は、「経済大国」の地位を、完全に中国に譲り渡してしまったのであり、「カネ持ち」でも、「世界の工場」でも何でもない、極東の一つの「普通の国」に成り下がってしまったのである。

日本は世界唯一の「衰退途上国」である

なぜ、日本の経済力は、ここまで「凋落」してしまったのか。

それを理解するために図2をご覧いただきたい。

この図は、各国のGDP（ドル建て）の「推移」を示したものだ。

ご覧のように、全ての国や地域が、1980年代から成長し続けている。つまり、あらゆる国や地域の人々は、年々、より強い「経済力」を身につけ、年々「カネ持ち」になって

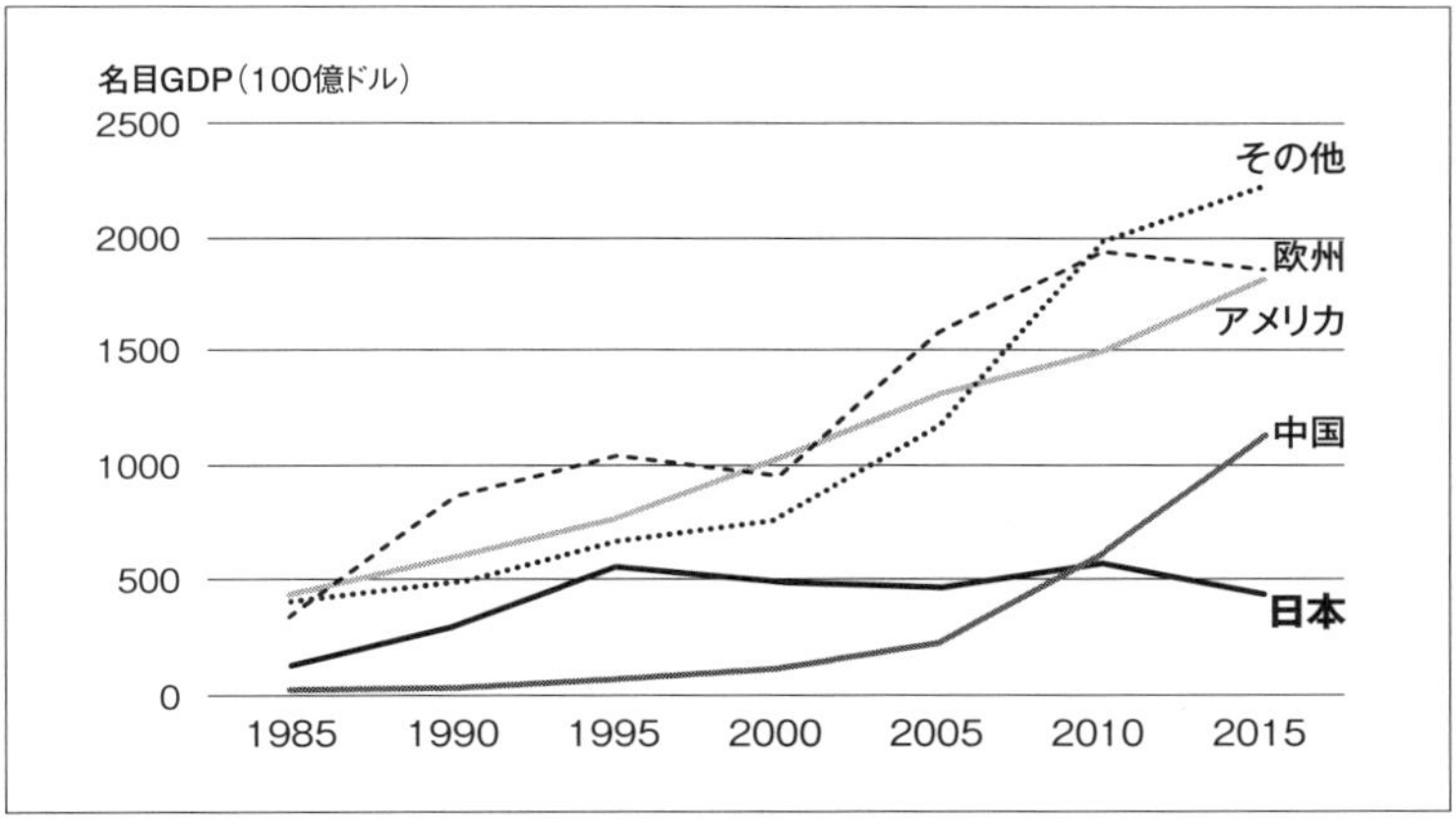

図２　世界各国の名目 GDP（ドル建て）の推移
＊　データ出典：『世界の統計 2017』

いったわけである。

ところが、ただ一つだけ、例外的に全く成長していない国がある。

我が国、日本だ。

もちろん我が国も１９９０年代前半までは、他の国々と同様、順調に成長し続けていた。

ところが、１９９０年代後半から、その成長はピタリと止まり、それ以後徐々に衰退する局面に入っている。諸外国が成長している中、我が国だけが、20年間、足踏みし、ジリジリと衰退していった結果として、日本の世界に占める相対的経済力が、三分の一にまで激減してしまったわけだ。

次に、図3をご覧いただきたい。

これは、世界各国の、１９９５年〜２０１５年までの20年間の「経済成長率」（つまり、名目ＧＤＰの変化率）のランキングだ。

このランキングを見れば、よりはっきりと、日本の「異様」とも言いうる低迷ぶりをご理解いただけよう。

この図が明らかにしているように、日本の20年間成長率は断トツの最下位だ。そもそも恐るべきことに、日本を除く全ての国の成長率は「プラス」であるのに日本の成長率だけが**「マイナス」**の水準なのだ。

詳しくこのグラフを見てみよう。

まず、世界平均はプラス139％。つまり、世界経済はこの20年間で約2・4倍に拡大している。

中でも発展がめざましいのがカタールや中国だ。カタールの成長率は1968％、中国の成長率は1414％。これはつまり、彼らの所得水準や生産力が、15倍〜20倍程度にまで拡大したことを意味している。つまり彼らは、「所得倍増」どころではなく「所得15倍増・20倍増」という恐るべき成長を遂げたのだ。

一方、欧米諸国も、中国やカタールほどではないとしても、しっかりと経済成長し続けている。なんと言っても世界最大の経済大国、アメリカですら、過去20年の間で135％も成長している。これは、世界平均とほぼ同水準であり、したがって、発展途上国は成長率が高く、先進国は成長率が低い、とは一概には言えないのが実態なのである（多くの日本人は、今日本が衰退しているのは日本が先進国だからだと思っている節があるが、それは単なる勘違いだ。日本

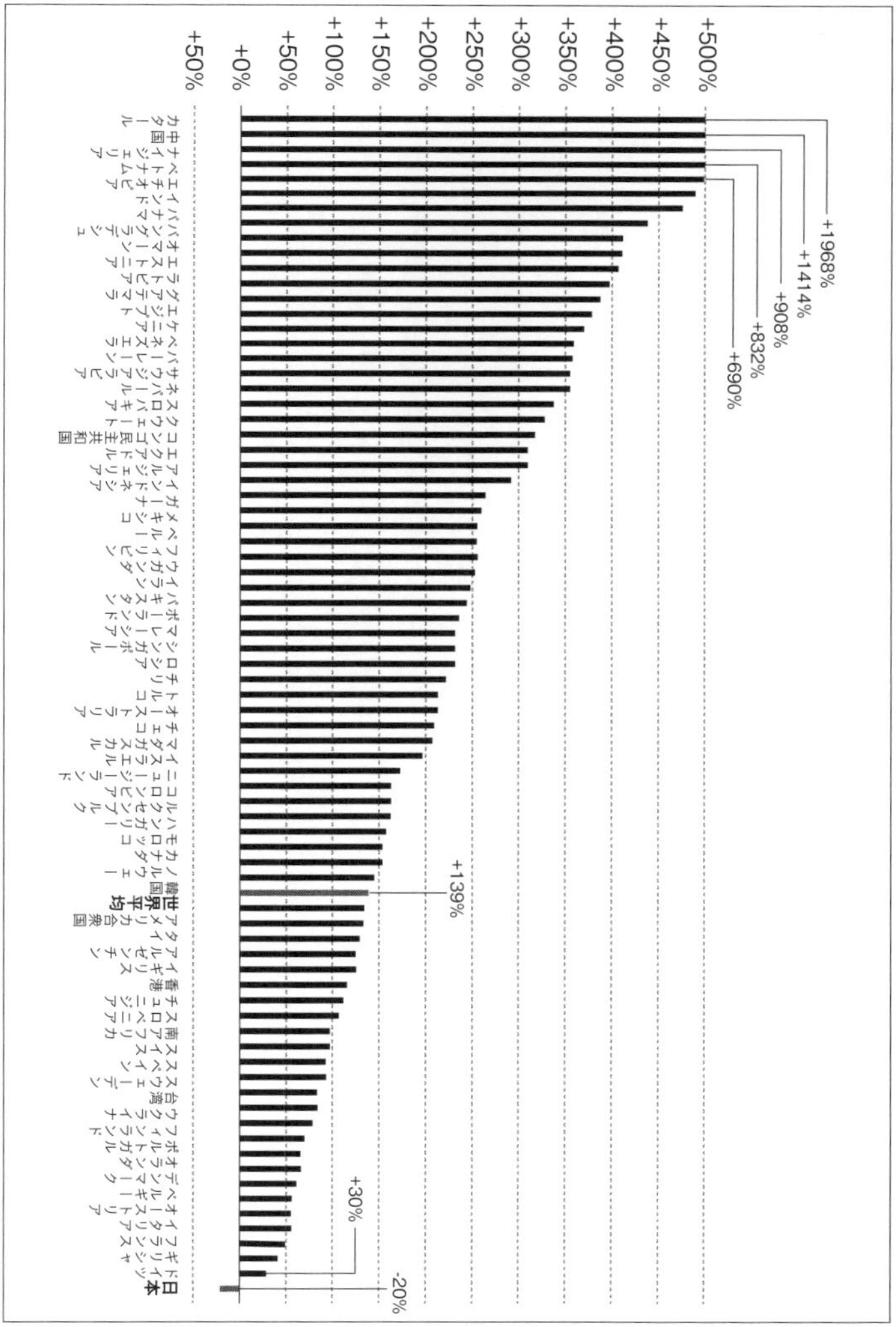

図3　各国の20年間成長率ランキング（1995年～2015年までの20年間の名目GDP成長率）

＊　データ出典：『世界の統計2017』

以外の先進国はこうして立派に成長し続けているのだ)。

とはいえもちろん、欧州諸国の中には成長率の低い国々も存在する。

中でも、ドイツの成長率は、日本を除く全ての国々の中で最下位で、この20年間でたった30%しか成長していない。20年前のドイツ人に比べて、今のドイツ人はたった1・3倍程度にしか「カネ持ち」にはならなかったのである。

ところが——我が国日本の成長率は、そんな低成長のドイツよりも圧倒的に低い「マイナス20%」だ。つまり、我が国の国民はかつてよりも「0・8倍」の水準にまでその所得水準を縮小させてしまったのである。

つまり、**日本だけが世界の中で唯一「貧困化」してしまったのである。**

具体的に言うなら、世界が「2・4倍」になっている間に、我が国だけが「0・8倍」にまで縮小したために、日本の相対的な経済力は「三分の一」(=2・4/0・8)になってしまったという次第だ(これが、図1に示した、我が国のGDPシェアが三分の一にまで縮小したメカニズムだ)。

つまり**日本はもはや、「経済大国」でないばかりか、「先進国」ですらないのである。**そもそも「先進国」とは、「先に進んでいる国」という意味なのであり、したがって「進んで」いなくてはならないからだ。つまり発展途上国ほどではないにせよ着実かつ持続的に発展し続け、国民が未来に希望を見いだせる国でなければ、「先進国」とは言えないのだ。繰り返すが、成長率が最も低いあのドイツですら、「30％」もの成長を続けているのだ。

だとするなら日本は「発展途上国」なのかと言えば、残念ながら「発展途上国」ですらない。なぜなら発展途上国は、文字通り「発展している」国だが、我が国は発展の正反対の「衰退」し続けているからだ。我が国の将来には希望というよりむしろ「悪夢」が広がっているのである。

つまり我が国日本は今や、先進国でも発展途上国でもない異様な国なのである。

だからあえて我が国を分類するとするなら、先進国でも発展途上国でもない、世界唯一の「衰退途上国」とでも言わざるを得ない。

ではなぜ、私達はこうした「衰退途上国」に転落してしまったのか——結論から言うならそれは、１９９７年に消費税を３％から５％へと増税したことが原因なのだ。つまり、消費増税こそが、我が国日本を衰退し続けるダメな国にしたのだが——本章ではこの「真実」をじっくりと解説していきたいと思う。

１９９７年から日本は「衰退」しはじめた

消費増税が如何に我が国を「ダメ」にしたのか——この真実を説明するために、まずは、日本の名目ＧＰＤの推移を細かく見てみることとしよう。

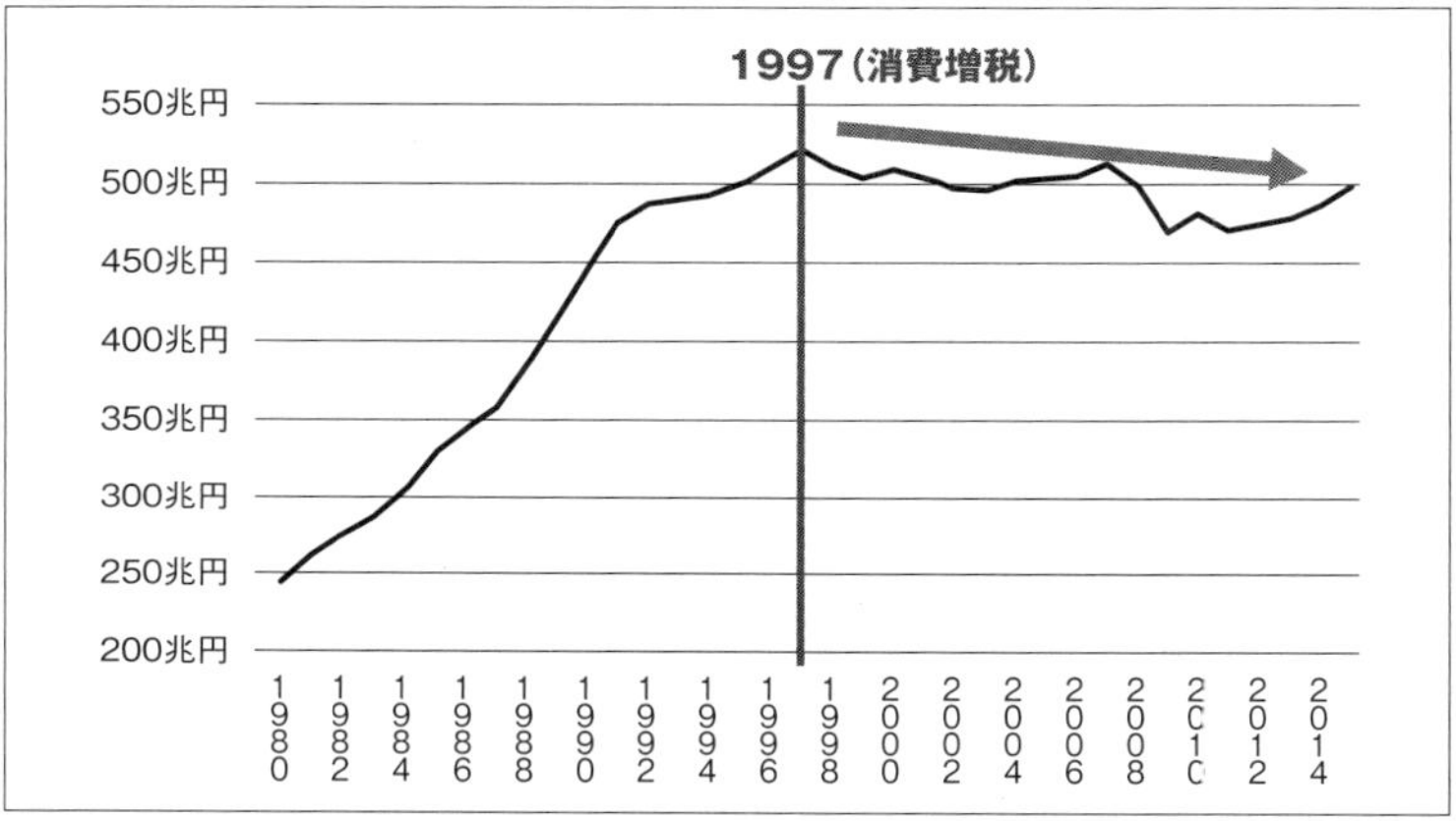

図４　日本の名目 GDP の推移
＊　1997 年は、消費増税の年次である。

先に示したＧＤＰのグラフは、５年おきのものだったが、我が国日本の名目ＧＤＰの毎年の推移を、図４に示す。

ご覧のように、我が国は、「１９９７年」まで、順調に成長し続けてきた。

もちろん、バブルが崩壊した１９９０年以降、その成長率は「鈍化」したものの、それでも１９９７年までは着実に成長し続けていた。

ところが、「１９９７」年を境に、明らかに状況が一変する。

１９９７年以降、名目ＧＤＰ、つまり、私達の所得の総額が縮小する局面に入った。それ以後、米国バブルやリーマンショック、震災、そして安倍内閣下のアベノミクスなどの影響を受けて上下してはいるものの、１９９７年以降、かつてのような力強い成長は見られなくなった。

そして、この1997年という時こそ、我が国が3％から5％へと消費税を増税させた年なのだ。

日本が「衰退」しはじめたのは、日本が「デフレ」になったからである

なお、経済学では、成長できず衰弱していく経済状況は「デフレーション」あるいは「デフレ」と呼ばれている。一方で、1997年までの日本経済や日本を除く世界各国のように、成長していく経済は「インフレーション」あるいは「インフレ」と呼ばれている。

この用語を用いるなら、我が国は、1997年に「デフレ経済」に突入し、それ以後一向にそのデフレ状況から脱却出来なくなったのである。

しばしば、テレビや新聞などのニュースで、「デフレ脱却」という言葉を耳にすることもあろうかと思うが、それは要するに「1997年から、日本は成長出来ない状況（＝デフレ）になったが、その状況から『脱却』し、他の国々と同様に成長出来る状況（＝インフレ）にもっていく」ということを意味しているわけである。

日本が「衰退」したせいで、世帯収入が1500万円も減った

ただし「成長率」や「GDP」といっても、なかなか一般の方にはピンとは来ないかも知れない。だから、こうした専門的な「経済指標」での議論をどれだけ聞いても、日本の衰退の何が問題なのかが分からない方も多かろうと思う。

ついては、図5をご覧いただきたい。この図は、一世帯あたりの平均所得の推移だ。ご覧のように90年代中盤まで所得は増加し続けていたのだが、1997年以後、年間数万円ずつ、多いときには、20万円前後も所得が下落していく状況となったのである。そして、2013年時点においては、90年代のピーク時から世帯収入が135万円も下落してしまったのである。

要するに、「デフレ不況」に陥ったせいで、日本人は年収で135万円ずつ「貧乏」になってしまったのである。

日本のGDPの停滞、衰退は、一軒一軒の世帯の視点から言えば、こうした世帯収入の下落を意味しているのである。

ちなみに、万一日本経済が衰退せず、世帯の所得がピーク時から（さらに成長せずとも）下落していなかった場合と実際の所得の推移とを比較すれば、平均的な世帯は90年代からの約20年間で約1500万円もの所得をさらに得ていたという計算となる。

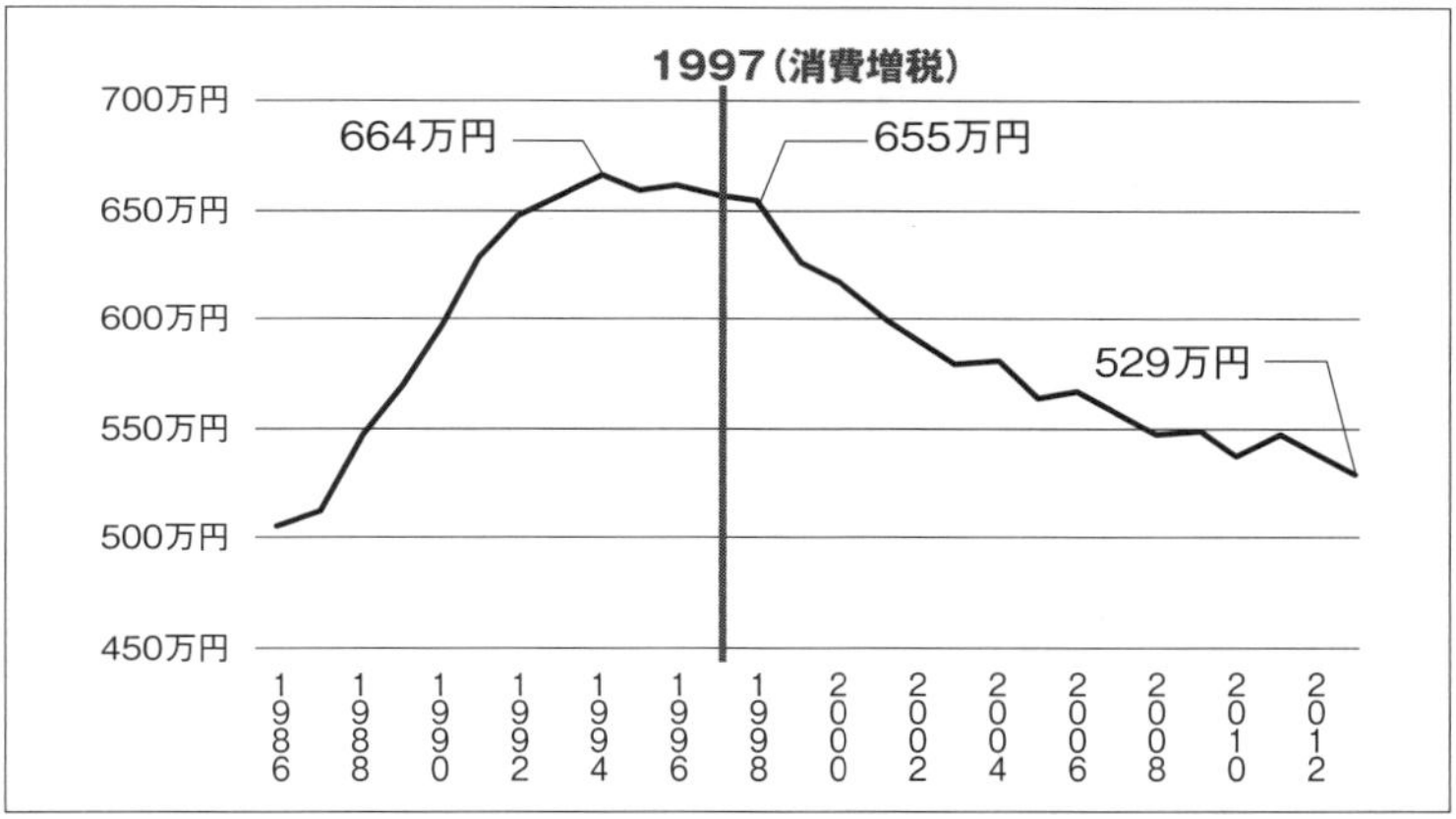

図5 「1世帯あたりの平均所得金額」の推移
＊ 1997年は、消費増税の年次である。
＊ 出典：厚生労働省　国民生活基礎調査

逆に言うなら、日本がデフレになり、「衰退」しはじめたことで、日本の平均的な世帯は、約1500万円ものカネを失ってしまったのである。それだけのカネがあれば、日本の各世帯は今よりもどれだけ豊かな暮らしが出来たのだろうか――。誠に残念な話であるが、それこそ、日本が「衰退途上国」と化してしまったことによる、それぞれの世帯に対する「リアルな被害」の内実なのである。

日本が「衰退」したせいで、政府も貧困化し、財政が悪化した

日本のデフレ不況に陥り、日本経済が衰退したことで「所得を失っていった」のは何も一般の世帯だけではない。日本国政府

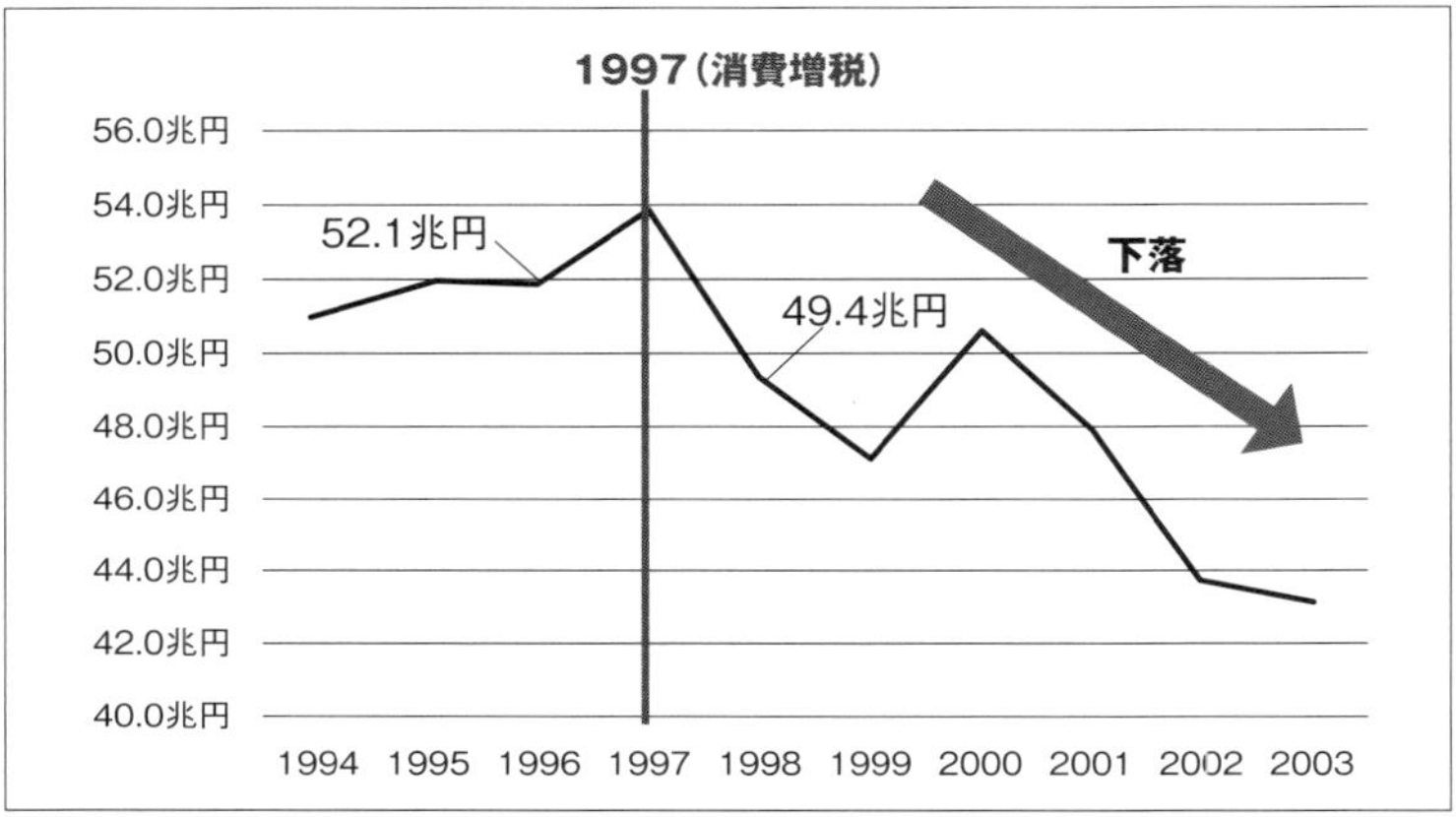

図６　政府の総税収の推移

それ自身も「所得」を大きく失い、財政を激しく悪化させていった。

まずは、図6をご覧いただきたい。

この図は、政府の税収の推移を示している。ご覧のように、1997年に一時的に税収が増加しているものの、翌年の1998年には、「増税直前」年間税収から、実に2・7兆円も税収が減少している。これは言うまでもなく、消費増税で日本経済が停滞し、デフレ化してしまったことで、法人税や所得税などが全て縮小してしまったことが原因だ。その後、日本経済はどんどん衰退していくのだが、その衰退に歩調をあわせるように、総税収は下落していき、増税からわずか6年で総税収が10兆円以上も縮小してしまったのである。

こうして税収が縮小すれば、政府は政府活動のための財源を確保するために、「赤字国債」

図７　「赤字国債発行額」の推移
＊　1997年は、消費増税の年次である。

を発行せざるを得なくなる。つまり、税収だけでまかなえない部分は「借金」でまかなう他なくなってしまうのだ。

しかも、経済が不況となれば、失業手当や生活保護等の社会保障費用がさらに拡大することにもなり、そのせいでさらに「借金＝赤字国債」が拡大していくことになる。

実際、図７に示したように、政府の赤字国債の発行額は、１９９７年の増税を契機として、一気に拡大した。

ご覧のように、１９９７年までは、増減しながらも「政府の借金」の金額は、低い水準に抑えられていた。１９９７年までの10年間の平均は３・１兆円というオーダーだった。

ところが、１９９７年を境に「政府の借金」はうなぎ登りに上昇。瞬く間に20兆円～30兆円の間をうろつく程の高い水準になってしまった。そして、その後の10年間の平均で、実に22・9兆円という、それまでよりも約20兆円も高い水準になってしまったのである。

これは要するに、1997年を境に、日本経済が「デフレ不況」に陥り、経済が「衰退」し、税収が大きく減ったことが原因だ。

そうなれば、政府は最低限の諸活動を継続させるために借金せざるを得なくなってしまった。結果、この図に示したように、**政府の借金は、年間で約20兆円も膨らみ、急激に財政が悪化してしまったのである。**

つまり、消費増税を行った1997年を境に始まった「デフレ不況」の結果、日本は「衰退」し始め、一般の世帯が収入を失って貧困化していったばかりでなく、政府もまた収入（税収）を減らし、財政を悪化させていったのである。

なお、この事を別の角度から言い直すと、昨今喧しく取り沙汰される**「財政悪化」は、ひとえに1997年を境に始まった「デフレ不況」が原因だったのだ**、と言うことができるのである。

日本が1997年から成長出来なくなった二つの理由：アジア通貨危機と消費増税

さて、以上のデータを踏まえるなら、我が国は世界唯一の「衰退途上国」となり、私達国民は、約1500万円ものおカネを失うほどに貧困化し、政府も貧困化して毎年20兆円オーダーで借金は拡大することになってしまったのだが、そういう「衰退」は、それはどうやら「1997年」を境目としているという実態が浮かび上がる。

では一体、1997年には何があったのだろうか？　つまり、何故に1998年に、日本はデフレに突入したのだろうか？

この問題は、これまで経済学者やエコノミストの間で繰り返し議論されてきた。

これについては二つの説が主として主張されてきた。

一つが、1997年の**アジア通貨危機**であり、もう一つが、既に指摘した1997年の3％から5％への**消費増税**である。

前者のアジア通貨危機というのは、1997年7月よりタイを中心に始まった、韓国やフィリピン、インドネシアなどのアジア各国の急激な通貨と株価の下落現象である。これにより、日本経済にダメージが及び、これが1997年以降の日本経済の停滞をもたらしたと言われている。

一方の消費増税は、1997年の4月に行われた。この増税によって日本国内の「消費」が冷え込み、これを契機として日本経済がデフレ化したという説だ。

この二つの説についての「専門家筋」における平均的な見解は、エコノミストである安達誠司氏によれば次のようなものだ。

「圧倒的多数の『専門家』は夏場に発生した『アジア通貨危機』の影響の方がはるかに大きいと結論づけており、アジア通貨危機がなければ、1997年の消費増税も景気に影響を与えなかっただろうと考えている[*7]」

デフレ化の原因が「アジア通貨危機」であると考えるのは「無理」である

しかし、「圧倒的多数の専門家」が主張する「アジア通貨危機こそがデフレ化の原因だ」という説は、単なる「間違い」だ。

そもそも、もしもアジア通貨危機がデフレをもたらした原因であるとするなら、デフレ化したのは日本だけでなく、アジア諸国も同様にデフレ化している筈であろう。むしろ、アジア通貨危機のダメージは、日本それ自身よりも、その危機の中心地であるタイや韓国、インドネシアといったアジア各国においてより深刻であったのだから、そうしたアジア各国でこそ、日本よりもより激しいデフレが生じていても不思議ではない。しかし、日本以外のアジア諸国は当時の「危機」から完全に脱しており、それ以後デフレに突入することもなく、元気に成長を続けているのだ。

この点を考えるだけで、「アジア通貨危機」だけに、日本のデフレ化の原因を求めるのは**「無理」**だと判断せざるを得ない。

一方で「5％の消費税」は、増税した1997年だけでなく、1998年も1999年も、さらには今日に至るまで毎年毎年、国民は支払い続けている。つまり、消費税5％のインパクトはアジア通貨危機のように特定の一時点（1997年）にだけもたらされているのではなく、2014年の8％増税を経て、今日に至るまで毎年毎年、「継続的に」もたらされ続けている。したがって、消費増税によって1997年以降、日本が「継続的」に成長出来なくなったと考える蓋然性の方が、特定の一時点だけにインパクトがもたらされたアジア通貨危機によってそれ以後、日本が「継続的」に成長出来なくなったと考える蓋然性よりも圧倒的に高い。

さらに言うなら、消費税が縮小させるであろう**「消費」は日本経済を成長させる「成長エ**

＊7　安達誠司『講座：ビジネスに役立つ世界経済～日本経済に先行するイギリス経済？』、現代ビジネス、2013.10.03.

ンジン」そのものである。そもそも、日本のＧＤＰは、政府の支出、企業の支出、輸出、そして消費、のこの四つの合計値なのだが、この内で最大のものが「消費」なのである。日本のＧＤＰ、つまり日本のマーケットでやりとりされるオカネの実に約6割がこの消費だ。だから、これが拡大していけば経済は大いに成長する一方、これが冷え込めば瞬く間に日本経済全体が停滞していくことになる。だから、理論的に考えるなら、消費を大きく冷え込ませる消費税は、日本経済を停滞させる巨大な力を持っていると結論付けざるを得ない。

しかも、「海外の話」であるアジア通貨危機が日本経済をデフレ化させたのなら、日本からの「輸出額」が相当程度縮小していなければならない。実際、日本経済に激しいダメージをもたらした２００8年のリーマンショック時には、輸出額が実に27兆円（！）も縮小している。27兆円と言えば、国民一人あたりにすれば約2万円。つまり、リーマンショック時には外国人が日本のモノを買ってくれる量が、国民一人あたり2万円も縮小してしまったのだ。これが国民の所得を激しく縮小させたのである。

ところが、同じようなことがアジア通貨危機時に起こったのかと言えば――全くそういう傾向は見られない。

図8をご覧いただきたい。

この図は、日本からの総輸出額の推移を示しているが、アジア通貨危機が起こった１９97年の直後、輸出はほとんど変わらず「横ばい」となっている。これは、リーマンショック

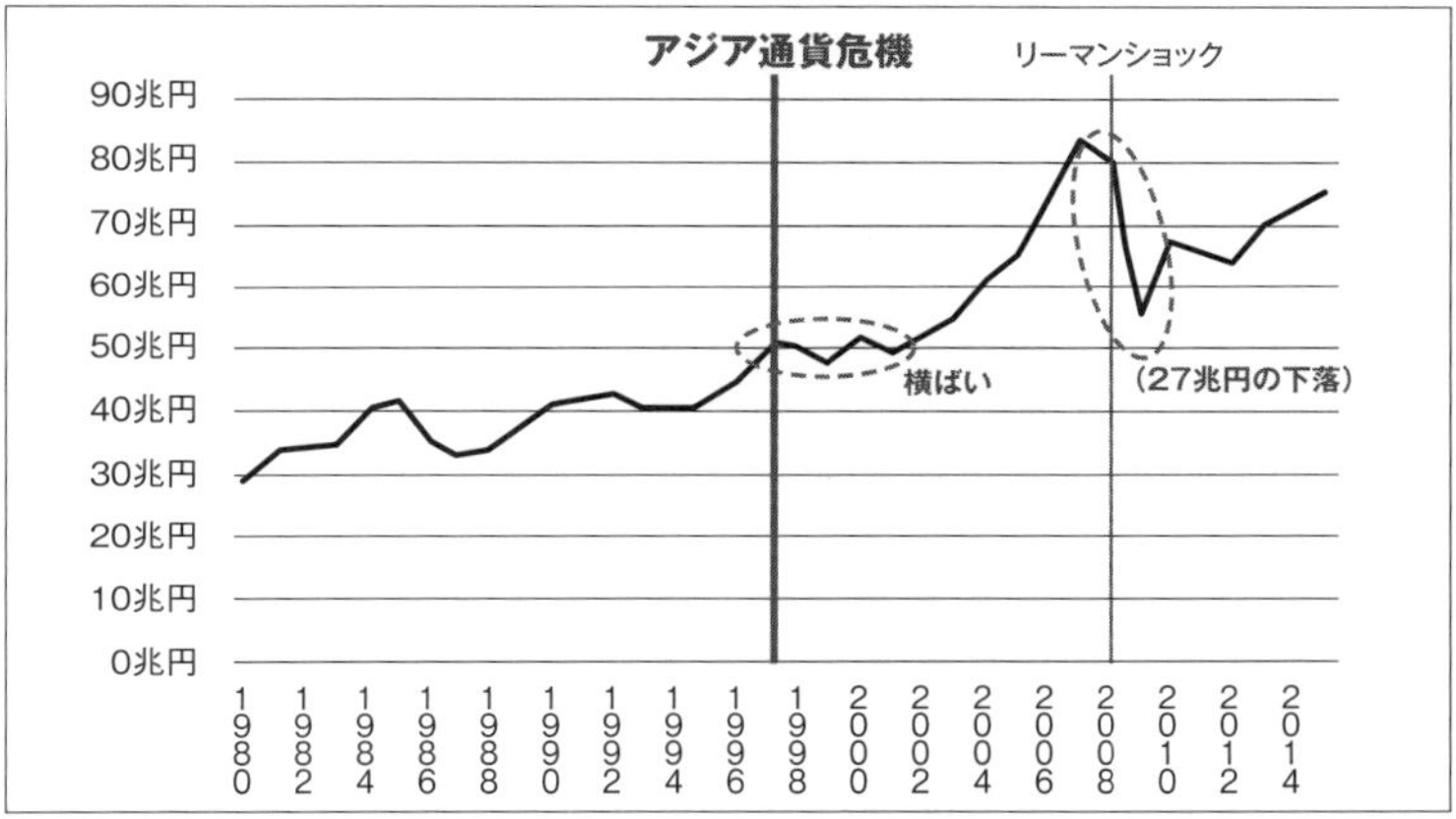

図８「総輸出額」の推移

時の激しい下落に比べれば雲泥の差があることがお分かりいただけよう。この点から考えても、アジア通貨危機がデフレとなった原因であるという結論は引き出しようがないのである。

なお、この件については、日本の「消費」や「企業活動水準」の推移（図9、および図10）を見れば、さらにハッキリと消費増税こそが日本をデフレに導いた「真犯人」であるという実態が明らかとなる。これらの図からも明らかなように、**１９９７年に一気に悪化したのは**（アジア通貨危機がダメージを及ぼす筈の）**「企業活動水準」なのではなく、**（消費増税がダメージを及ぼす筈の）**「消費」**だったからである。詳しい説明は、**「コラム：消費増税がデフレ化の原因である実証的な証拠」**をご覧いただければと思うが、多くの専門家達が主張する「日本のデフレの原因はアジア通貨危機だ」という説は、単なる**デマ**

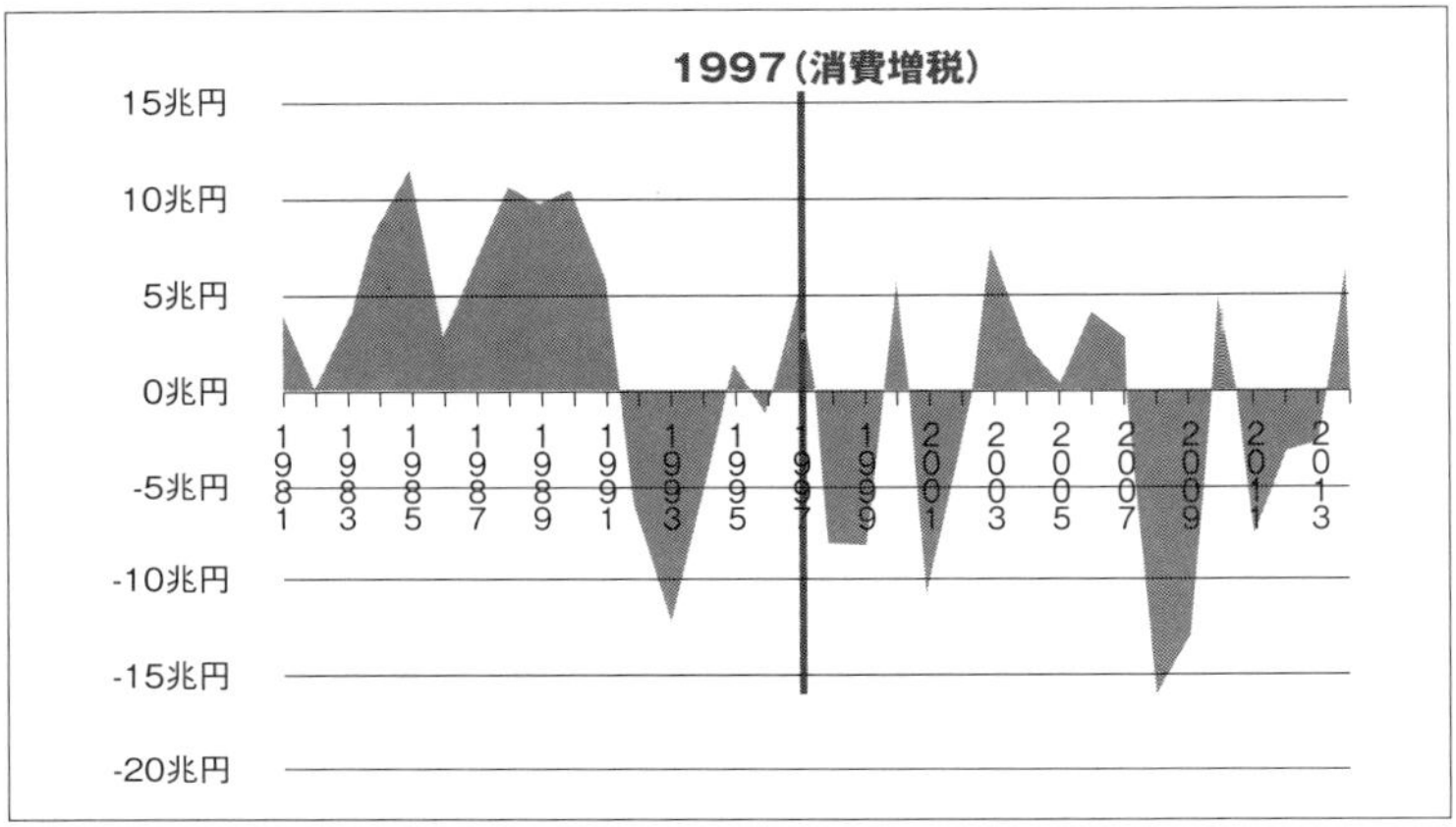

図9 「民間企業活動」の名目 GDP の「前年からの増加量」の推移
＊ 民間投資と純輸出の合計値＝ GDP から政府支出と民間消費を差し引いたもの

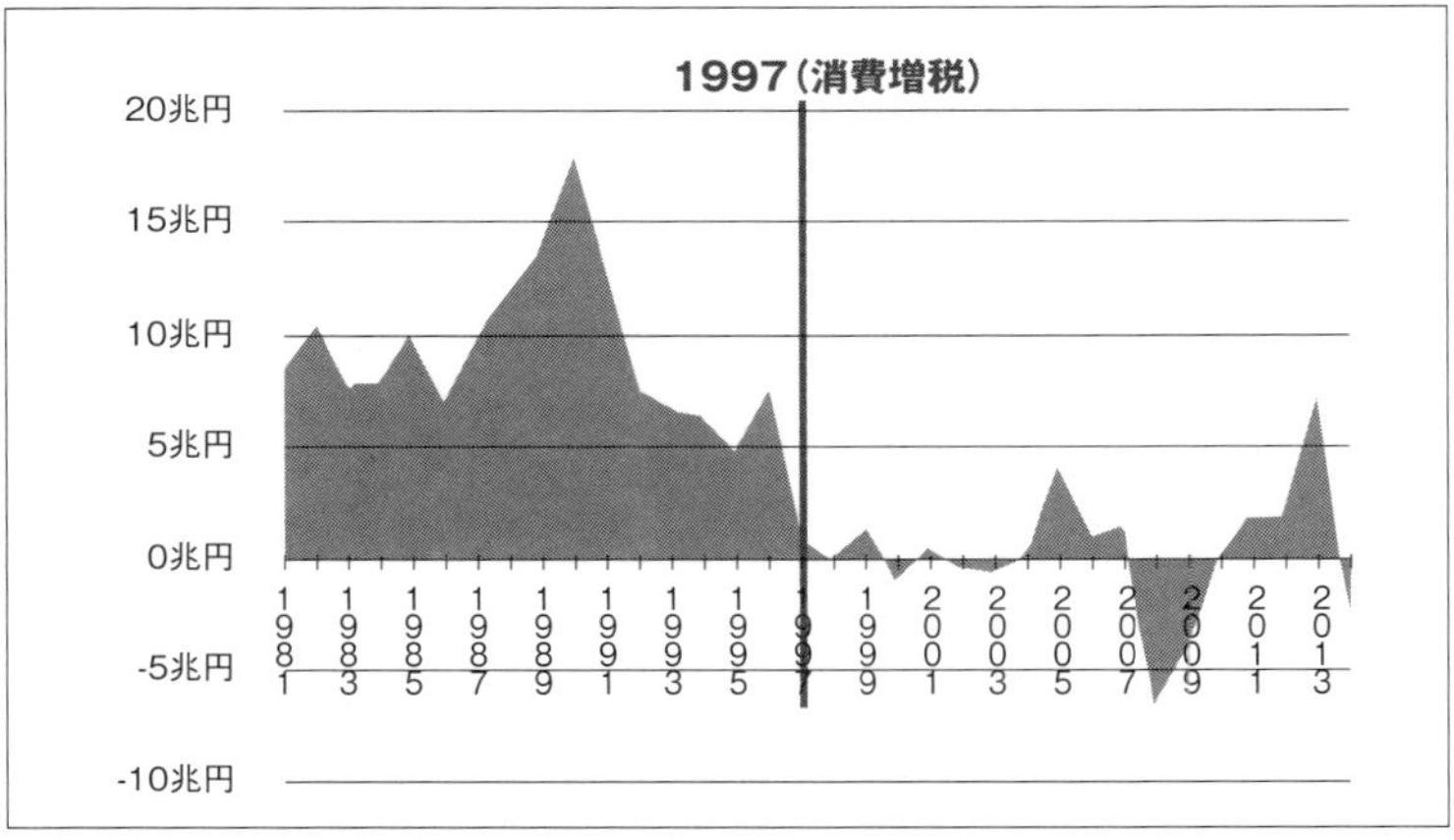

図10「消費」の名目 GDP の「前年からの増加量」の推移

でありウソ話であると結論付けざるを得ないのである。

コラム：「消費増税」がデフレ化の原因である実証的な証拠

そもそも、「アジア通貨危機・原因説」は、日本企業と様々な取引があるアジア諸国が不況に陥ることで、多くの日本企業がダメージを被り、日本経済全体にその被害が広がっていった、というストーリーを想定している。だからもしも「アジア通貨危機・原因説」が正しいなら、「1997年から」、日本の民間の企業活動が急激に低迷している筈である。だから、民間の企業活動の推移を調べれば、「アジア通貨危機・原因説」が正しいのかどうかを検証することができるはずだ。

ここで、改めて図9をご覧いただきたい。これは、「日本の民間の活動水準」(GDPから政府活動と世帯消費を差し引いた総計)の「前年からの増加量」の推移を示している。「アジア通貨危機・原因説」が正しければ、この数値が、1997年を契機として急激に「悪化」していなければならない。

しかし、図9を見る限り、そうした傾向は全く見られない。日本の民間企業の活動水準が急激に悪化したのは、1997年のアジア通貨危機ではなく、1990年～1991年のバブル崩壊だったのである。バブル崩壊前は、民間企業の活動水準は多かれ少なかれ「プラス成長」していた一方（増加量がプラスで推移）で、バブル崩壊以後は、「マイナス成長＝衰退」しはじめたのである（増加量がマイナスで推移）。そしてアジア通貨危機前後で、顕著な変化は見られないのである。

一方で、「消費税・原因説」は、消費増税によって消費が冷え込み、それを通して不況になった、というストーリーを想定する。だから、１９９７年に、消費の急激な冷え込みが観測されている筈だ。

図10を改めてご覧いただきたい。ご覧のように、消費増税時点である１９９７年までは、その「増加量」自体は増減することはあっても、基本的に消費は「プラス成長」していたのだが、１９９７年の増税以後、一気に増加量は「ゼロ」付近をうろつく展開となった。つまり、増税までは着実に成長していた消費が、消費増税によって一向に伸びなくなり、むしろ、縮小していく傾向となってしまったのである。この消費についてのデータは、「消費税・原因説」の正当性を強力に支持している。

「人口減少が日本のデフレ不況の原因だ」というデマ

ところで、日本のデフレの原因は、「専門家」の間では以上に述べた「消費税原因説」と

「アジア通貨危機原因説」の二つが取り沙汰されるのが一般的であったのだが、「世間話」の次元では、**日本が（デフレ）不況なのは「人口減少」が原因なのだという俗説**が言及されることがしばしばある。この主張の論拠は、人口が減り、モノやサービスを買う人が減っていくから、経済が低迷し、デフレになっていく――というイメージだ。

しかし、残念ながらこれもまた**完全なるデマ**だ。

そもそも、既に何度も示したように、世界中で長期的なデフレに苛まれているのは我が国日本「一国」だけなのだが、もしも、人口減少が本当にデフレの原因であるのなら、人口が減少している国もまた、我が国一国だけである筈だ。しかし、世界中に人口が減っている国など、**日本以外にいくらでもあるのだ**。

図11をご覧いただきたい。これは、「日米欧」の各国の1995年から2017年にかけての人口増加率を示したものだ。ご覧のように、**我が国日本よりも人口が減っている国が、実に15ヵ国もある**。

人口が最も減少している国はリトアニアだが、その減少率は実に22％。人口減少がデフレの原因であるのなら凄まじいデフレになり、GDPは大きく下落している筈だ。しかしリトアニアの名目成長率は何と606％。経済規模は実に7倍にまで拡大しているわけだ。

二番目に人口が減っている国はラトビアでその減少率は同じく22％弱。しかし、その間の名目成長率は460％にもなっている。

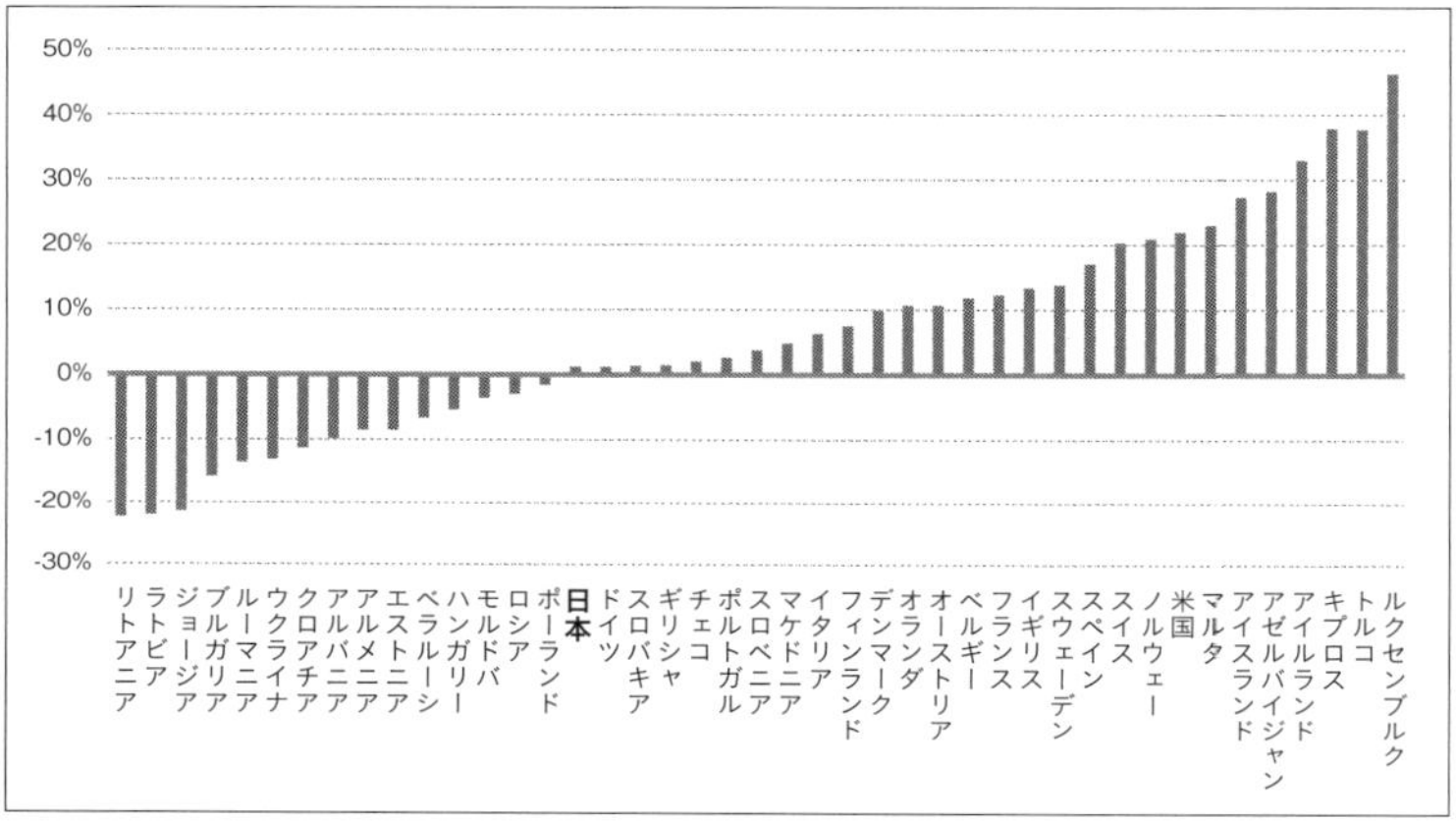

図11　日米欧各国の人口増加率（1995年→2017年）
＊　出典：IMF 統計

その他の人口減少国全ての、同期間の名目GDP成長率を図12に示す。ご覧のように、全ての人口減少国において、成長率はプラスとなっており、日本のように、マイナス成長を通して「衰退」しているデフレの国は一つも存在しない。

つまり、「人口が減れば、デフレになって経済は衰退する」という話は、事実から完全にかけ離れた**単なる「デマ」**なのだ。

そもそも、人口減少率というのは、せいぜい大きくて年間1%程度だし、今の日本においてはそれよりももっと小さい0・17%だ。ところが、国民一人あたりの支出額や物価は、それよりも各段に大きな水準で変化する。例えば通常のインフレ経済では、物価は2%や3%程度ずつ拡大していくし、一人あたりの消費額も数%ずつ拡大していく。したがって、

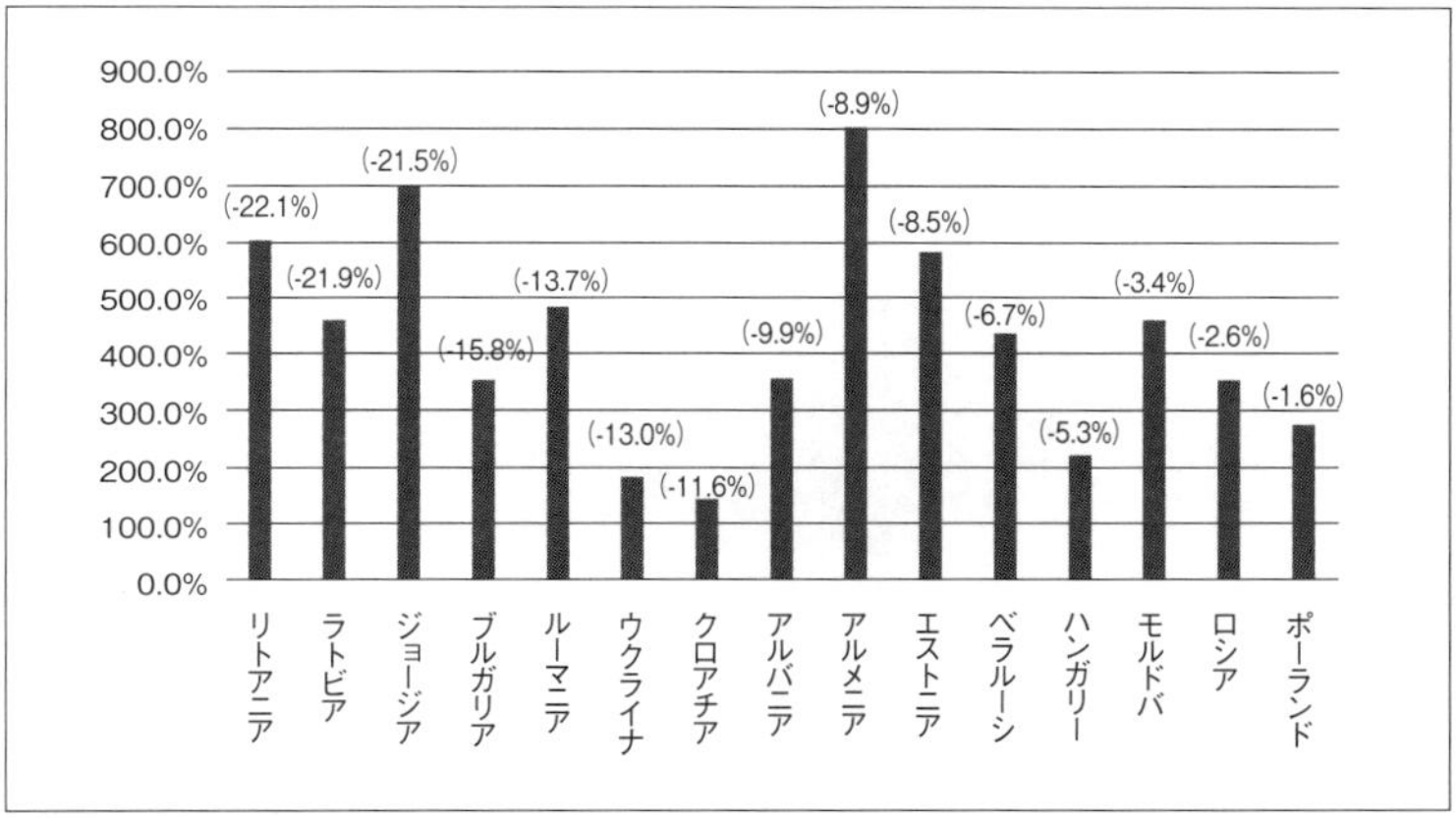

図12　人口減少国（日米欧各国中）の名目 GDP 成長率（1995 年→ 2017 年）
＊　（　）内は人口減少率
＊　出典：IMF 統計

人口変化よりも物価や消費額の変化の方が圧倒的に大きな影響を、GDPの成長率に及ぼすのである。

実際、図13に示すように、「人口増加率が高い国ほど、GDP成長率が高い」という傾向は一切見られない。両者の相関係数[*8]という統計値を求めてみればマイナス0・18という、むしろ、人口増加率が低い国の方が成長率が高い、という俗説とは逆の傾向が存在するくらいだ。

この統計値から見ても、「人口減少がデフレの原因」だとする話もまた、**完全なるウソ話であることは明らかなのである。**

＊8　相関係数は、完全に相関がある場合プラス1、完全に逆相関がある場合マイナス1、全く関係がない場合0となる指標である。

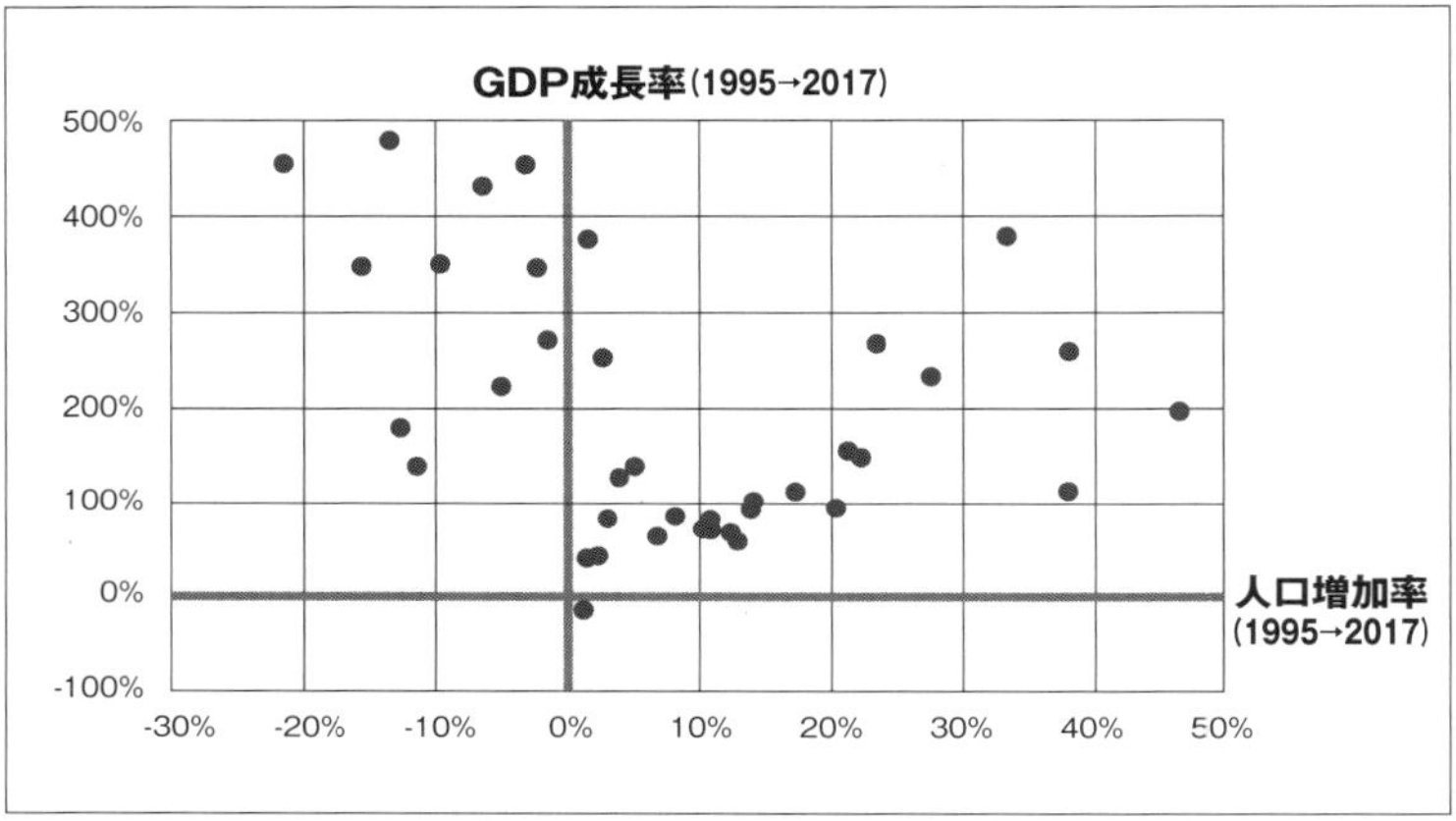

図13「人口増加率」と「GDP 成長率」との関係
＊ 出典：IMF 統計
＊ 対象国：日米欧各国

消費増税が導いた「デフレ不況」で、物価が下がり、企業業績が悪化していく

以上の話をまとめると、次のようになる。

――我が国は1997年に消費税を3％から5％に増税した。

その結果、消費は一気に冷え込み、衰弱することとなった（図10）。消費というものはそもそも、一国の経済を成長させる最大の「エンジン」なのだが、そのエンジンが冷え込んだために我が国は成長ができず、「衰弱」していく国家となってしまった（図4）。その必然的帰結として、一般の国民は貧困化し（図5）、政府の財政は悪化して（図6）借金を重ねるようになり（図7）、成長する世界経済の中で一人取り残され（図2、3）、そして、「経済大国」とはもはや呼べない、単なる「衰退途上国」へと凋落することになった（図1）。なお、デフレ不況の原因として「1997年のアジア通貨危機」が取り沙汰されたり、「人口減少」が主張されたりすることがしばしばあるが、いくつかのデータを確認すれば、それらは単なる**「デマ」**であり**「ウソ話」**でしかないことは明らかだ。

こう考えるだけで、5％への消費増税は、世帯を貧困化させ、財政を悪化させ、日本を衰退途上国化させるという凄まじい破壊的インパクトをもたらしたことが見えてくるが、そのインパクトはもちろん、その他の様々な側面にも及んでいる。ここでは1997年の消費増税のインパクトをさらに多面的に確認していくこととしよう。

まず、企業活動において重要な「物価」が深刻なダメージを受けている。

そもそもモノやサービスを売って商売をしている各企業において「物価」は極めて重要な指標だ。高くモノが売れれば儲かるからだ。しかしその物価が、1997年を皮切りに低迷していくことになる。

図14をご覧いただきたい。これは物価の推移だ。[*9]

＊9　これは、コアコアCPIという物価の尺度で、天候や外国の事情に影響されやすい生鮮食料品とエネルギーを除外したそれ以外の比較的物価が安定している財とサービスの物価についての尺度である。

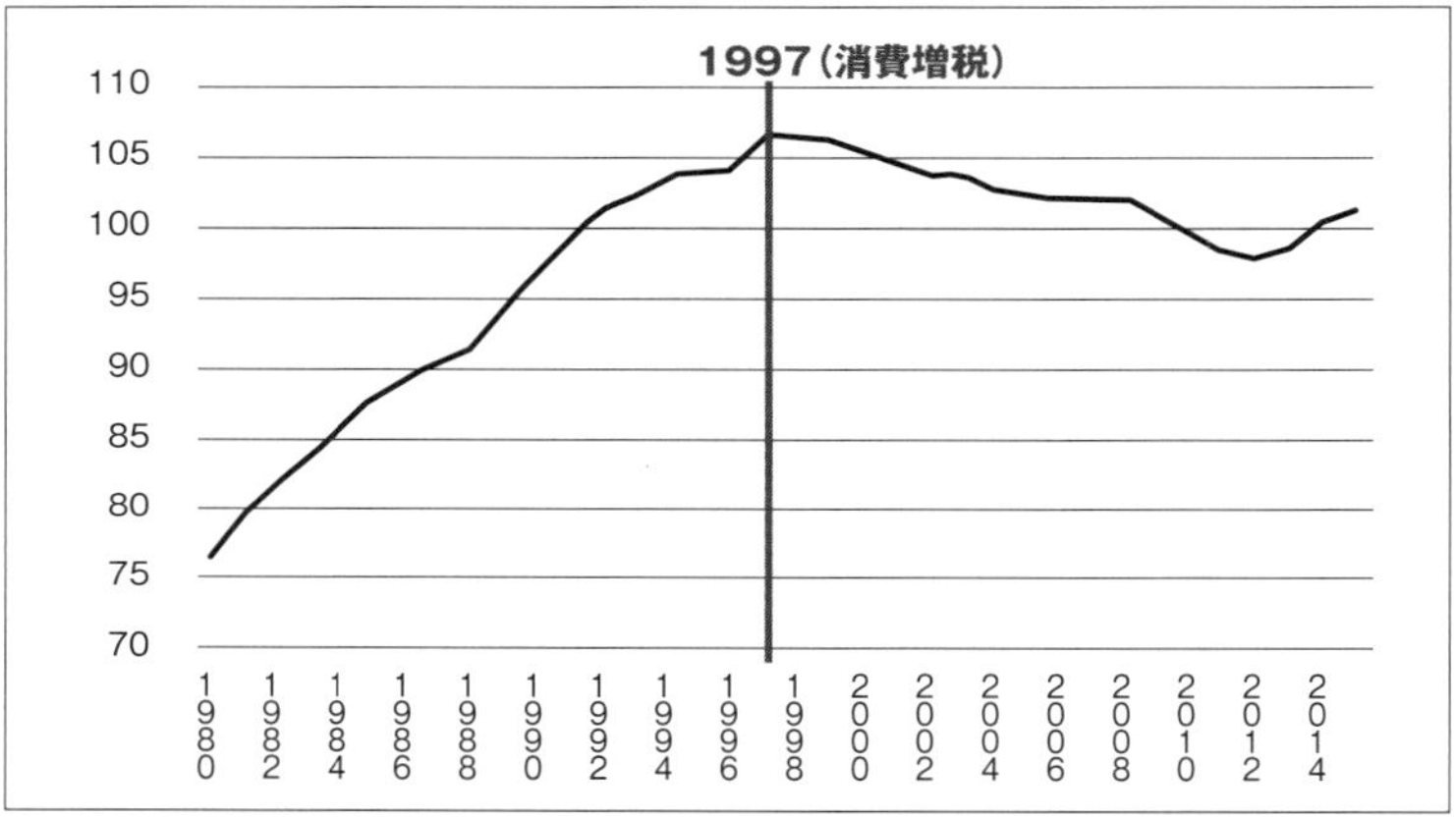

図14　物価の推移
＊　縦軸は、コアコア CPI12 月 2010 基準
＊　出典：総務省統計局 時系列データ

ご覧のように、1997年までは順調に上昇してきていたのだが、97年を境目に、下落基調に転じている最近になって幾分上昇しつつあるが、それでもかつての水準からはほど遠い。

つまり、1997年の消費増税以後、あらゆる業界でモノの値段が下がり続けることになったわけだ。消費税で消費が冷え込み、モノが売れなくなれば、各企業は、利益が減ることを覚悟しつつ、価格を引き下げて少しでも買ってもらうようにせざるを得なくなるからだ。これぞまさにデフレの「象徴的現象」だ。

なお、こうして各企業のモノの値段が安くなれば、収益が減り、必然的に企業業績は悪化する。だから各企業は当然、必死になってコストカットに走らざるを得なくなる。そしてその結果として、給料を引き下げざるを得なくなる。その帰結として現れたのが、図5に示した、各世帯の所得の減少なわけである。

ちなみに、こうして各世帯の所得が減れば、各世帯は「節約」に走るようになる。その結果、人々はますますモノを買わなくなり、消費が低迷していくことになる。

こうして、「物価が下がる」と企業の利益が落ち込み、その結果、企業がコストカットを繰り返し、給料が下がる。そうなると世帯は貧困化し、必然的に「節約」に走るようになり、市場でモノがますます売れなくなり、「物価が下がる」。つまり、**「物価が下がる」ことそれ自体が「物価が下がる」という帰結を導く、という悪循環に陥っていく。**物価の低迷と企業利益の縮小、世帯の貧困という悪循環がぐるぐると回っていくわけで、これこそ、**デフレ・スパイラルと呼ばれる現象だ。**スパイラルとは「らせん」を意味するものだが、「物価低迷・企業収益の悪化」と「庶民の貧困化」がまさにらせん状に進行していくのが「デフレ・スパイラル」なのであり、これこそがデフレの「本質」であり「実態的な現象」なのである。

消費増税が導いた「デフレ不況」で、人々が自殺していく

このように、消費増税によってもたらされた不況は、経済を根底から衰弱させていったのだが、そのしわ寄せは当然、国民に及んだ。

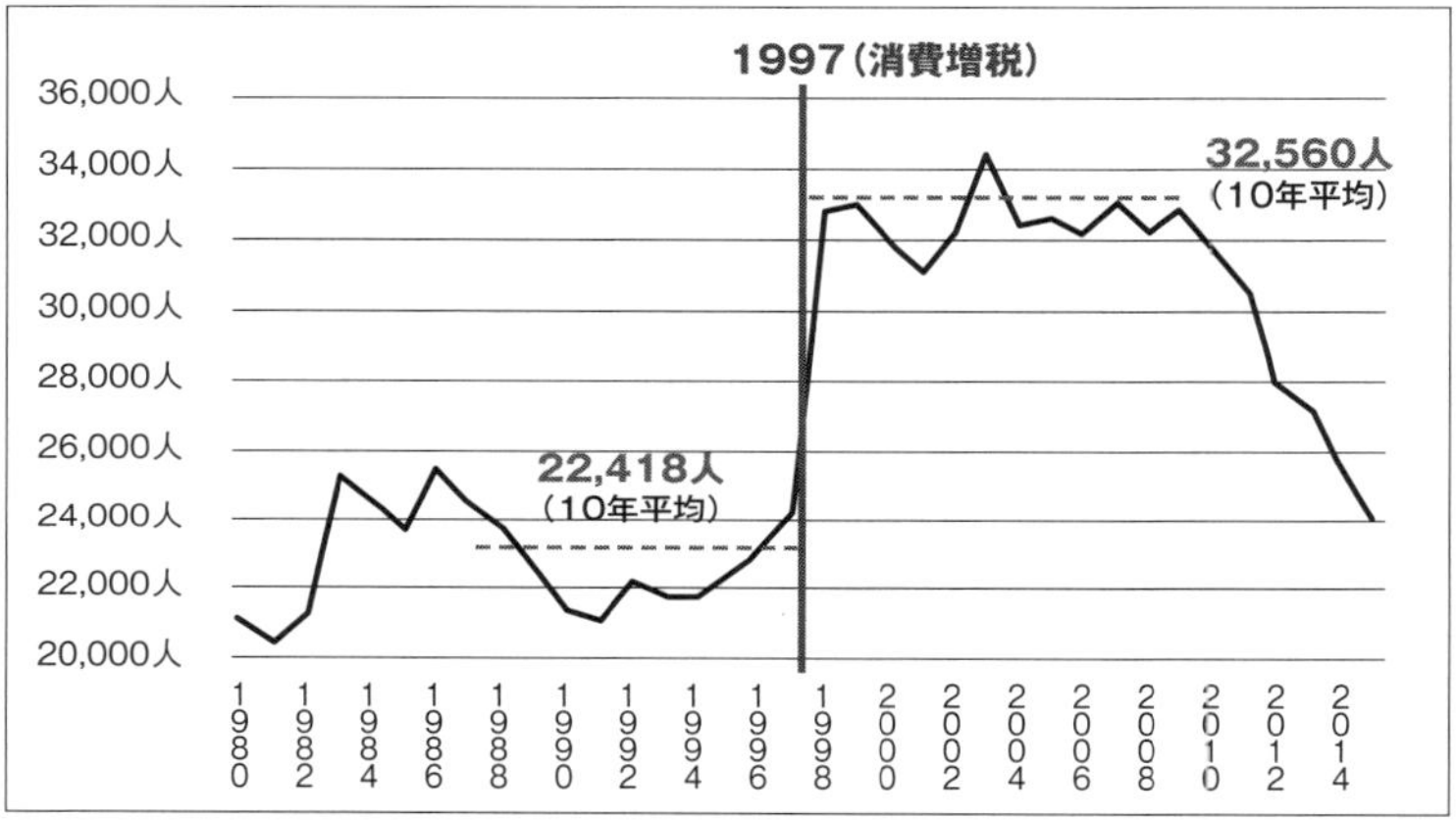

図15 自殺者数の推移

そして、最悪なことに、多くの国民が貧困を苦にして**自ら命を絶っていった。**

図15をご覧いただきたい。

これは、年間自殺者数の推移だ。

これをご覧いただければ、まさに消費増税直後から、自殺者数が一気に増加している様子を見てとっていただくことができよう。

ここ数年は自殺者数も縮減する傾向にあるようだが、それでも、消費増税直後に増えた自殺者数は、その後10年以上も高止まりし続けた。

消費増税直前の自殺者数が約２万２０００人であったところ、消費増税でそれが一気に３万３０００人に拡大。自殺者数が実に１万人以上も増大したのであり、その増大がまさに、消費増税によってデフレ化した１９９７年の直後に生じているのである。

この１９９７年の異様な自殺者数の激増は、

この年に何か決定的な出来事が我が国で起こったことを雄弁に物語っている。それこそ、日本の「デフレ不況への突入」なのであり、そしてそれを導いた「消費増税」だったのである。

ちなみに、10年平均で1万人以上自殺者数が増加したということは、**10年で10万人以上もの人々が、消費増税に「よって」自殺に追い込まれてしまったということだ**——このことはつまり、経済財政政策は、10万人単位の国民の生命に直結する、極めて重大な影響をもたらすものであることを示している。この認識こそ、筆者が本書を出版することを企図した、根本的な動機といって差し支えない。

「バブル崩壊の傷が癒えない状況下での消費増税」が日本に災いした

ここで、1997年の消費増税がここまで巨大な破壊的インパクトをもたらした原因について、一言言及しておきたいと思う。

しばしば増税論者が主張するように、日本の消費税率は、必ずしも高い水準ではない。

ざっと諸外国の税率を並べてみよう。

タイ　　7％

シンガポール	7%
韓国	10%
中国	17%
ドイツ	19%
フランス	19・6%
アイスランド	25・5%
クロアチア	25%
スウェーデン	25%
デンマーク	25%
ノルウェー	25%
ハンガリー	27%

ご覧のように多くの国が日本の税率よりも圧倒的に高い。

これらの国々がデフレではないのだから、消費税率をたかだか5%にあげたくらいで日本だけがデフレになるなんてあり得ないじゃないか——しばしば消費税論者はこうして消費税のさらなる増税を主張する。

しかし、問題なのは「税率」そのものではない。

彼らが**「いつ」消費税をあげたのか**、という点こそが問題なのだ。

そもそも、1997年と言えば、世界の経済史の中でも特筆されるほどの大事件であった1990年~1991年にかけて生じた「バブル崩壊」の直後だった。文字通り「バブル景気」で沸いていた日本の株価が一気に下落し、多くの資産家が資産を失った。当時日本から消えてなくなってしまった資産額は1500兆円（！）とも言われている。

この未曾有の大被害を受けた日本政府は、経済が失速することを恐れて、大規模な経済対策を始めた。そのおかげで、我が国はバブル崩壊にもかかわらず、1997年まではデフレ不況に陥ることもなく、少しずつ成長することができたのだった。

しかし、1997年の総理大臣である橋本龍太郎は「もうこれで対策は十分だろう、それよりも、対策を続けたことで増えた借金を減らすために、消費増税が必要だ」と考えてしまい、消費増税に踏み切ったのだ。

しかし、1500兆円もの資産を失うほどの「大怪我」を負っていた日本経済は、この消費増税に耐えられなかった。だから、1997年の消費増税が、本章で詳しく見たこれだけ巨大な被害を我が国日本に与える顚末となったのだ。

一方で、諸外国は、この「バブル崩壊」のような未曾有の被害を被ってはいなかったために、消費税を上げても順調に成長し続けることができたわけだ。事実我が国も、1989年の消費税3％導入時には経済が順調であったことから、その増税導入によって我が国が直接デフレ化することは避けられている。

つまり、傷ついた経済状況下での消費増税――これが、日本を転落させたわけである。

そうである以上、未だに「デフレ脱却」を果たせていない我が国において、何の対策もないままに消費税を10％にまで上げてしまえば大きな被害を受けることは、火を見るよりも明らかなのだ。

消費増税がデフレ不況を導いたメカニズム

以上、本章では日本がもはや先進国ではない、「衰退途上国」なのだ――という「衝撃的」とも言いうるGDPデータを紹介するところからはじめ、一体我が国はいつから、そしてなぜ「衰退」しはじめてしまったのか――という視点で、様々なデータや議論を紹介した。

そして、その結果浮かび上がったのは、1997年の消費増税こそが、日本を衰退させた「真犯人」であるという「真実」であった。

そのメカニズムの全容を改めて記述すると図16のようになる。

消費増税が消費を縮退させ、その結果、物価は凋落し、企業業績は悪化する。

そうなれば企業は、自らの生き残りを賭け「コストカット」せざるを得なくなり、その結果として労働者の給料がカットされ、国民が貧困化していく。同時に民間企業は「投資」を

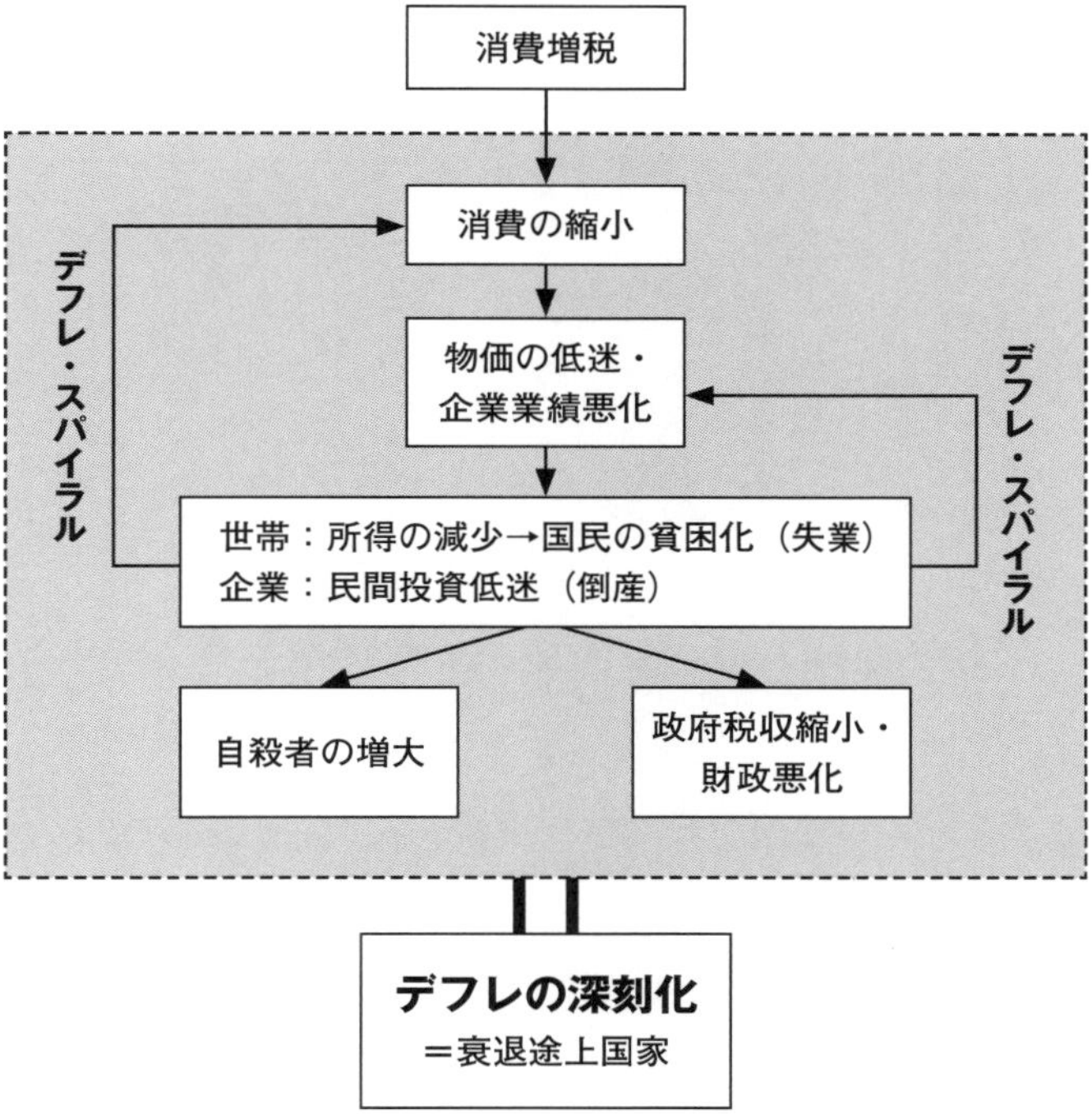

図16 消費増税がデフレを導くメカニズム

しなくなっていく。言うまでもなく、その過程で企業の倒産も労働者の失業も増えていく。

こうして国民が貧困化、困窮化すれば、必然的に消費は縮小する。この消費の縮小はもちろん企業の業績悪化、賃金の低迷を通して、結局は国民の貧困化を促すから、ここに、消費縮小と国民の貧困化を巡る「デフレ・スパイラル」が生じることとなる。

同時に、企業が投資を控えるようになればこれもまた、(投資を生業とする企業の)業績を悪化させる。この業績悪化は、企業投資の抑制を促すものであるから、ここにもまた、企業の業績悪化と投資の縮退を巡る「デフレ・スパイラル」が存在するという次第である。

こうして、消費、物価、企業業績と投資、所得の全てが、互いに循環的に影響を及ぼしあいながら同時に下落していくというのが「デフレ不況」という経済現象なのである。

そしてこのデフレ・スパイラルが進行していくプロセスの中で、政府においては財政を悪化させ、国民においては自殺者数が10万人以上もの規模で「激増」したのである。そしてGDPは伸び悩み、「衰退途上国」と化し、世界経済におけるGDPシェアが転落していったのである。

——なお、以上の「デフレのメカニズム」の一つひとつのプロセスはいずれも、単なる「理屈」や「イメージ」を並べ立てたものなのでは決してない。いずれも、実証的なデータの裏付けのあるものばかりである。しかも、それらの「全て」が「1997年の消費増税」こそが、デフレを導いた真犯人であることを雄弁に物語っているのである。

つまり日本を「衰退途上国」に凋落させた真犯人が97年の消費増税であることは、疑いを差しはさむ余地のない程に明確な「真実」なのである。

第３章

「10%増税」のダメージは極めて深刻なものとなる

デフレの今、消費増税を行えば、確実に破壊的ダメージがもたらされる

以上、１９９７年の5％への消費増税、２０１４年の8％への消費増税のそれぞれが、日本経済や財政にどのようなインパクトをもたらしたのかを、様々なデータを紹介しながら紹介した。ここまでお読みいただいた読者なら、「経済が芳しくない状況下」での消費増税がどれだけの破壊的ダメージを国民生活や経済、さらには財政に対してもたらすのかをハッキリとご理解いただけたものと思う。

何度も繰り返すが、消費税は「消費」を一気に冷え込ませる巨大なパワーを持っており、かつ、「消費」こそが経済成長の「メイン・エンジン」「成長エンジン」である以上、消費増税は、経済を停滞させ、デフレ化させるのである。

この経験を踏まえるなら、２０１９年10月の10％への消費増税も、日本経済に激しいダメージをもたらすであろうことは容易に想像できる。

ただし、１９８９年の消費税導入時には、日本経済は激しいダメージを負うことはなかった。これは先にも述べたように、経済それ自体に、消費税のネガティブインパクトを跳ね返すだけの「勢い」があったからだ。

事実、89年直前の物価（デフレータ）の尺度の変化率に着目すると、「＋１％」という水準

であり、これはつまり物価が「上昇」している「インフレ」状況だったということである。これが、当時、大きな経済被害がもたらされなかった理由なのである。

ところが、1997年と2014年の直前時点での物価（デフレータ）の変化率に着目すると、それぞれマイナス0・5％、マイナス0・3％という格好で物価が「下落」する「デフレ」状況であった。だから、それぞれの増税によって大きな被害が日本経済にもたらされたわけである。つまり、**消費増税はインフレ下では必ずしも深刻な経済被害をもたらさないが、デフレ下では深刻な経済被害をもたらすのである。**

そして未だに日本はデフレ脱却を果たしていない以上、2019年10月の消費増税は、日本経済にダメージをもたらすことは火を見るよりも明らかなのである。

現在の「外需環境」は、より深刻な被害をもたらした1997年に類似している

なお、1997年と2014年を比較すると、結果的には1997年の方がより深刻な被害をもたらした。1997年の消費増税は、それ以後、成長率が「マイナス」となり、税収も下落していく一方となったのだが、2014年は、僅かずつではあるが「プラス」の成長を遂げ、税収も僅かずつ拡大するという状況になった。

この両者の相違は、「外需」の動向が、１９９７年と２０１４年では異なっていたことを反映していると考えられる。先に述べた通り、２０１４年増税の折り、消費が大きく冷え込んだものの外需（輸出）が増税直前時点からの4年間で約15兆円も拡大するという「幸運」があった。しかし、１９９７年増税の折り、消費増税の直前時点からの4年間で、外需（輸出）は拡大していたものの、その水準は約6兆円という、２０１４年時点のそれに比して約10兆円も低い水準に留まっていた。この両者の相違が、２０１４年と１９９７年の増税インパクトの大きさを分けたのである。

なお、今日の世界経済の状況だが、外需の中心的な国であるアメリカは、「保護貿易」を主張するトランプ政権下にあり、日本に対して関税をかける等、**日本からの輸出が抑制される方向で**様々な貿易交渉を進めようとしている。しかも、世界中の好景気を支えてきた**「安い原油価格」**も、２０１６年頃から徐々に上昇しはじめ、現在では、２０１６年時点の2倍程度の価格にまで上昇している。この原油価格の上昇は、アメリカ経済を含めた世界経済にブレーキをかけることが懸念される状況にある。

これらの点を考えると、２０１４年増税の被害を軽減した「外需の伸び」は、これからはさして期待できないものと思われる。その点において、**２０１９年増税時の外需環境は、２０１４年増税よりも、より深刻な被害をもたらした１９９７年増税時のそれに類似している。**

したがって、次の消費増税は、２０１４年増税よりもさらに大きな被害がもたらされることを覚悟しておくべきだと、言わざるを得ないのである。

現在の「デフレ状況」は、より深刻な被害をもたらした1997年に類似している

さらにこれに加えて、1997年と2014年の双方で、経済の「勢い」が異なっていたことも原因であると考えられる。

図1をご覧いただきたい。

これは、デフレータの変化率、つまり「物価の変化率」の推移だ。

ご覧のように(また、先に指摘したように)、1997年の直前時点においても、2014年の直前時点においても、物価の変化率はともに「マイナス」の状況にあったのだが、その変化の状況が両者で大きく異なっていた。

1997年の消費増税の直前の1996年時点では、物価の変化率は「徐々に下落」していく局面であった。つまり、「物価の下落がますます勢いづいていく」状況にあったわけだ。つまり、坂道を転げ落ちる勢いがますます激しくなる局面で、消費増税が行われたわけで、その結果、消費増税のインパクトがより深刻なものとなったのである。

一方で、2014年の直前時点では、物価の変化率は「徐々に上昇」していく局面にあっ

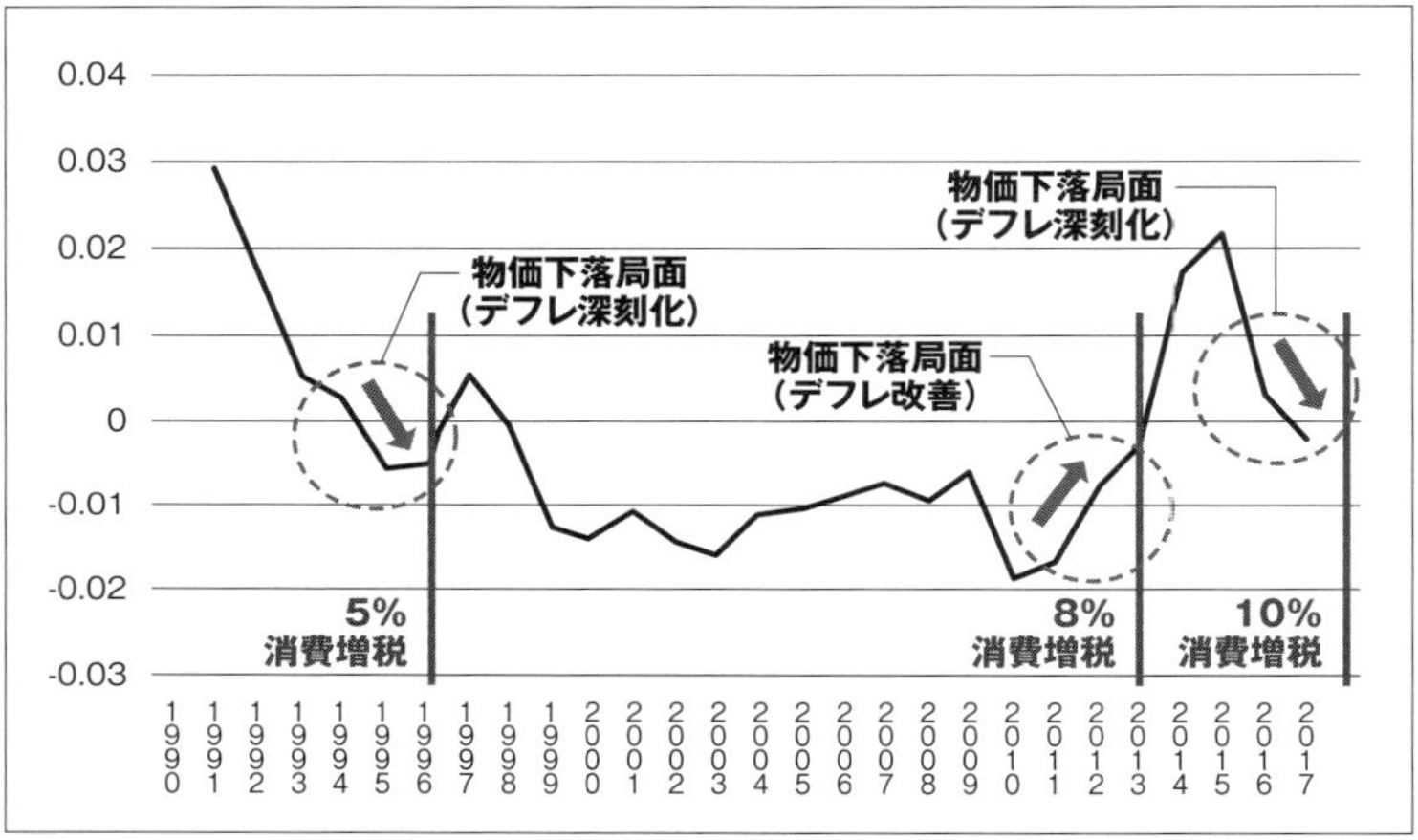

図１　「物価（デフレータ）の変化率」の推移と三つの消費増税タイミング

た。これは１９９７年時点とは逆に、「物価の下落にブレーキがかけられる」状況にあったわけである（これはもちろん、２０１２年からはじまった安倍内閣によるアベノミクスが進められていたことの影響が考えられる）。そのような状況で、消費増税が行われたために、その破壊的インパクトが幾分緩和されたと考えることができる。

　では、２０１９年の増税の折りには、物価の動向はどうなっているのかと言えば――少なくとも本書執筆時点である２０１８年８月現在では、「物価（デフレータ）の変化率」は増税直後の２０１５年時点から急激に下落する局面にある。したがって、２０１９年の増税の際には、被害がより深刻であった１９９７年時点に状況が類似していると考えることができよう。だからこの点から考えても、今、

10％増税を行えば、日本経済はより深刻なダメージを被るものと危惧されるのである。

「働き方改革」「オリンピック特需の終焉」が消費増税被害を拡大させる

このように現在の状況を鑑みるに、どうやら現時点の消費増税は、日本経済に深刻なダメージをもたらすことは避けられないであろう、という実態が浮かび上がってくる。

しかも、以上に述べた二点以外にも、２０１９年の消費増税ダメージを増幅させるさらなる要因が存在している。

その内の一つが、「働き方改革」と呼ばれるものだ。

この改革は、現在の安倍内閣が進めるもので、生産性を上げると同時に労働時間の短縮を図ろうとするものだ。

それはそれで大変に結構なことなのだが、労働時間の短縮は、労働者の「賃金」とりわけ「残業代」の縮減をもたらすことが懸念されている。

例えば大和総研は、今議論されている働き方改革が進められれば、**労働者の所得が８・５兆円縮減されるであろうと予測している。**[*10] これだけの所得が圧縮されれば、当然ながら世帯消費は大きく落ち込む。この働き方改革を進める法律は既に国会を通過しており、２０１９

年度から施行される予定であり、したがって、同じく2019年に予定されている消費増税による景気の落ち込みをさらに拡大させることが懸念される。

以上に加えて、2020年に予定されている東京オリンピック関連の諸投資は、オリンピックが終わると同時になくなることもまた、日本経済にダメージをもたらすことが懸念されている。おおよそどこの国でもオリンピックが終われば景気が落ち込むことが知られており、東京オリンピックもまた、例外ではない。また、オリンピック投資の縮小は、2020年から始まるのではなく、タイミングの悪いことに、まさに消費増税が行われる2019年度中から徐々に縮小していくことが予期されている。

したがって、2019年消費増税と働き方改革による残業代の縮減、オリンピック投資の終焉という「トリプルパンチ」によって、日本経済は、2019年から激しく縮小していくであろうことが予期されるのである。

なお、筆者は今、こうした認識に基づいて、このトリプルパンチを「2019年危機説」と呼称し、政府内外にその対策を強く訴えているところである。そしてもちろん、本書執筆もまた、その一環に位置づけられるわけである。

「10%」という消費税率は、経済被害をさらに「激甚化」させる

さて、以上の諸状況を勘案するだけで、2019年消費増税の破壊的ダメージは「めまい」がする程に恐ろしいものであると危惧されるのだが、残念ながら、そのダメージをさらにさらに「極大化」させてしまう、さらなる決定的な理由がある。

それが、「10%」という、いたってキリの良い数字だ。

消費税が8%の場合、税額がいくらになるのかを計算するのは、多くの消費者にとって面倒でややこしい。ところが、「10%」の場合、話は別だ。「10%」ならば、どんな値段であっても、誰もがいとも容易く税額を計算することが可能だ。

この「税額の計算の簡単さ」が、人々の消費行動に大きなブレーキをかけることが予想される。

そもそも近年の消費者の行動を対象とした実証研究では、「税の顕著性」(tax salience)に関する研究が注目を集めている。税の「顕著性」とは聞き慣れない言葉だが、これは税の「分かりやすさ」を意味する概念だ。そして、これらの最新の研究から明らかにされているのは、**「税額はいくらになるのか」が分かりやすい税金、つまり顕著性の高い税金であれば**

＊10 『残業規制、所得8・5兆円減 大和総研試算 個人消費に逆風も』2017/8/29付日本経済新聞

あるほど、納税者に対してより大きなインパクトを与えるという点である。[*11]

つまり、税金というものは、消費行動にブレーキをかけるものであるのだが、ブレーキの度合いは、「税率」だけでなく「わかりやすさ」にも大きな影響を受けることが、昨今の研究で明らかにされているのである。

ところが、実際の行動や心理に対する配慮が乏しい多くの「経済学者」を中心とした多くの学者や知識人達は、前回の増税が3%（5%→8%）であった一方で、次回の増税がたかだか2%（8%→10%）と、より低い増税なのだから、たいした影響はないだろうと思っている節がある。

しかし、消費税額の「わかりやすさ」（顕著性）を考慮すれば、8%増税よりも遥かに大きなインパクトを10%増税がもたらすことも考えられるのである。

そして結論から申し上げて、筆者が行った心理実験より、8%増税よりも、10%増税の方が、（増税幅は2%に過ぎない点を考慮してもなお）、より大きな影響を及ぼすという実態が明らかにされたのである。

この点は、今後の消費税の動向を占う上で極めて大切なポイントとなるものであることから、この実験の詳細を少し詳しく解説したいと思う。

「10%」への増税インパクトを把握するための「心理実験」

実験は、男女それぞれ200名の参加者を対象に行った。

そして、「消費増税が行われた場合、どれくらい購買意欲（買い物しようとする動機の強さ）が抑制されるのか」を測定する心理実験を行った。

実験においては、様々な条件[*12]を設けて、「最終的な税率」と「増税幅」が、「購買意欲」にもたらすインパクトを測定することを目指した。

まず、図2が「4%への増税」を規準とした場合に、「7%への増税」と「10%への増税」では、購買意欲がどれくらい低減するかを測定した結果だ。

ご覧のように、7%よりも10%の方が、購買意欲がより大きく低減することが分かる。

ただしより重要なのは、「7%への増税」による購買意欲の低減をそのまま（10%まで）延長した場合と、実際の「10%への増税」による意欲低減を比べた場合、実際の10%への増税

＊11 Chetty, R., Looney, A., & Kroft, K. (2009). Salience and taxation- Theory and evidence. American economic review, 99(4), 1145-77.
Fochmann, M., & Weimann, J. (2013). The effects of tax salience and tax experience on individual work efforts in a framed field experiment. FinanzArchiv- Public Finance Analysis, 69(4), 511-542.

＊12 「最終的な税率」（例えば、次回の消費増税なら10%）や「増税幅」（例えば次回の消費増税なら、2%）の「組み合わせ」についての様々な条件。

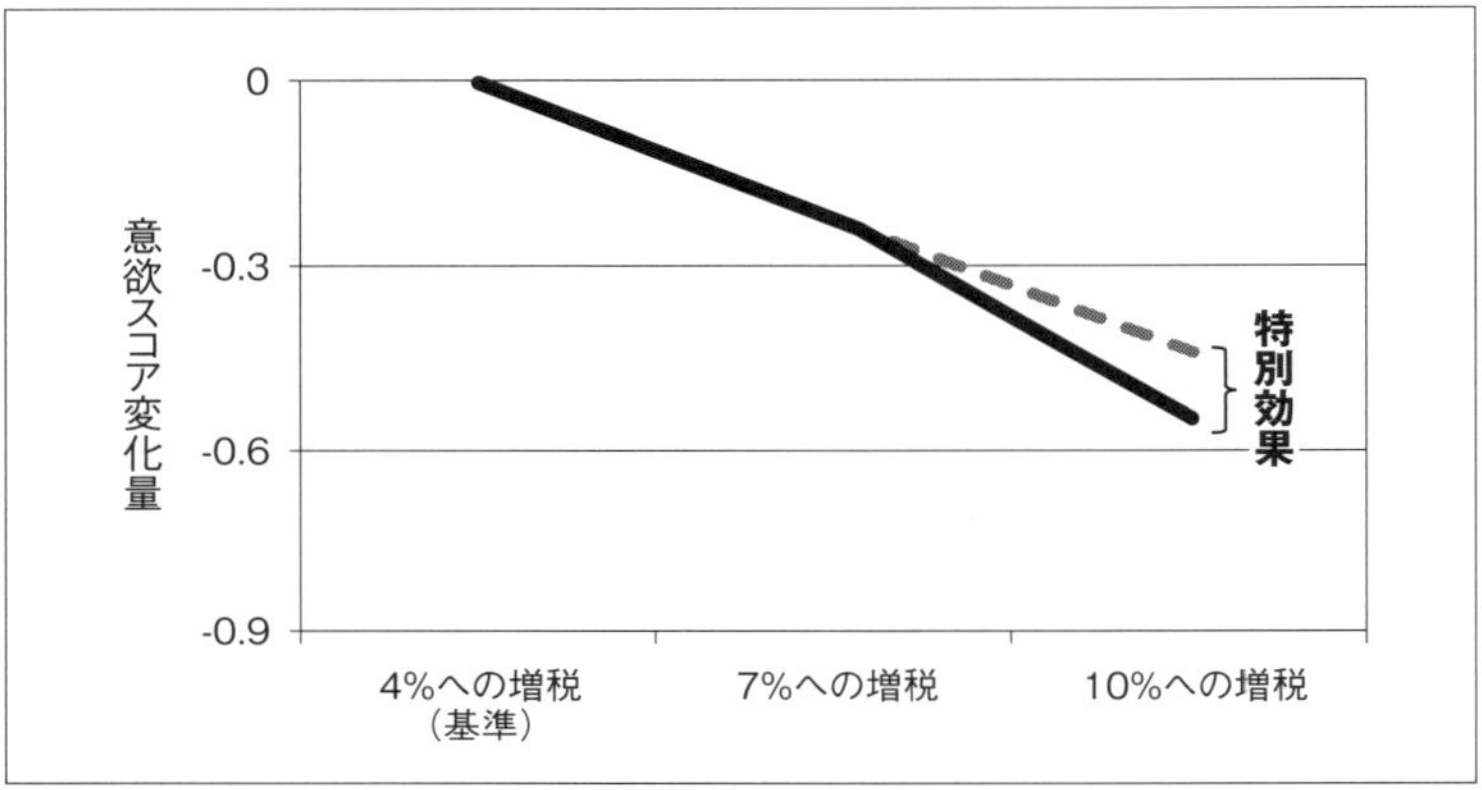

図２　心理実験の結果（7％増税時、10％増税時に、購買意欲がどれくらい低減するかを測定した結果）

＊　縦軸は、心理尺度のスコアだが、その絶対値に実態的意味はない。ただし、7％と10％の差が購買意欲の差を示している。

による意欲低減の方が、より「大きい」という点である。

少々分かりにくいかも知れないが、この結果は、10％になった場合、**「特別に大きな意欲低減が起きる」**ということを意味している。つまりこの結果は、先の節で述べたように、「10％の消費税の場合には、税額が計算しやすくなるので、心理的なインパクトが大きくなる」という心的傾向の存**在を実証的に示しているのである。**

ちなみに、今回の実験結果に基づいて、5％から8％への増税（２０１４年増税）と、8％から10％への増税（２０１９年増税）のそれぞれの心的インパクトを推計したものを、図3に示す。

この図は、２０１４年増税の心的インパクトの推計値を１００とした場合の２０

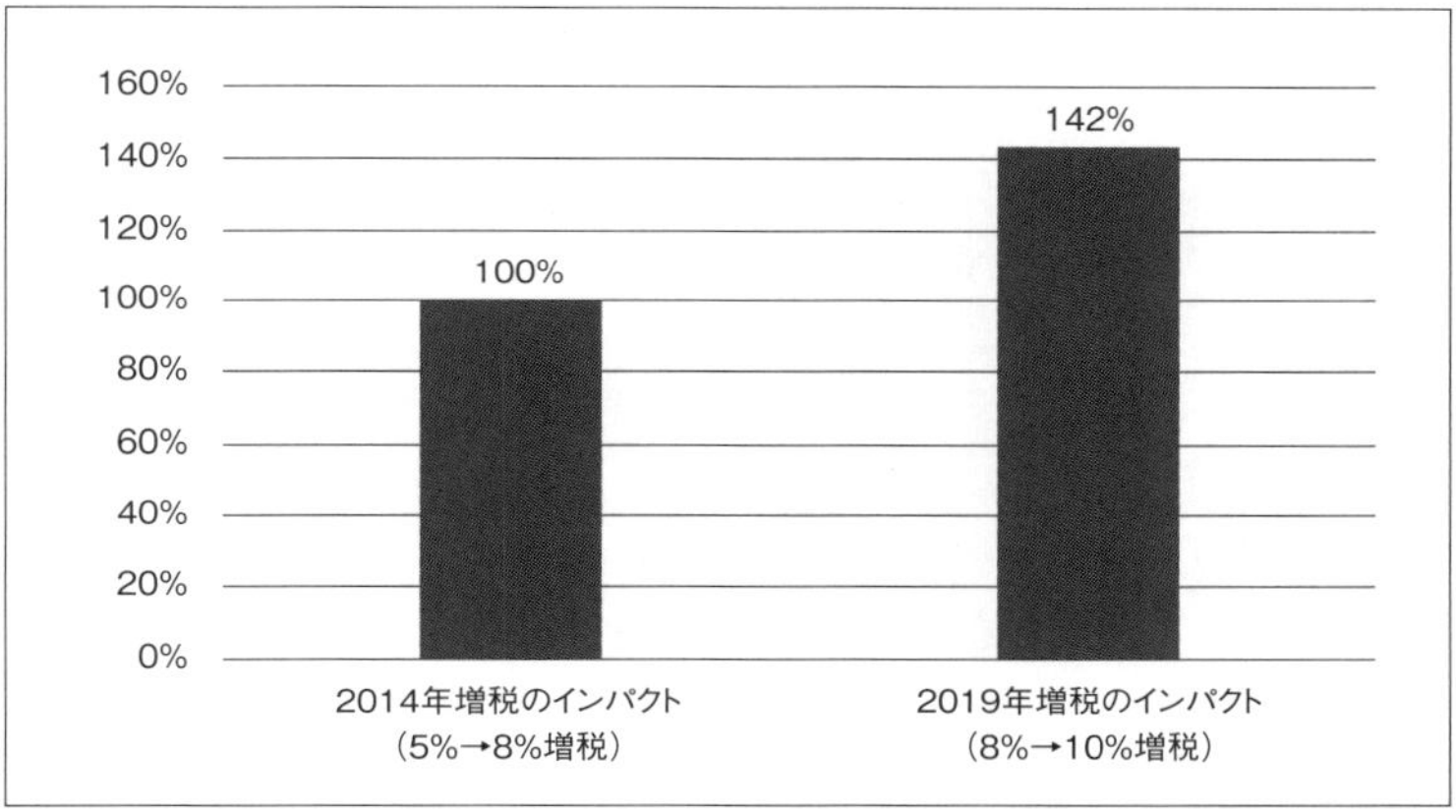

図３　2014 年増税（5 → 8％増税）と 2019 年増税（8 → 10％増税）による購買意欲低減量
＊　2014 年増税による値で基準化した場合

１９年増税の推計値を示しているが、ご覧のように、２０１４年増税よりも２０１９年増税の方が、おおよそ40％程度、購買意欲低減効果が「大きい」ことを示している。これは、増税幅そのものは、２０１９年増税の方が小さいものの、「計算がしやすい」ことによる心的インパクトが大きいが故に、２０１９年の10％増税の方が、２０１４年の８％増税よりもトータルとしてより大きな１・４倍以上者購買意欲低減効果をもたらすことを示している。

　つまり、２０１４年の８％増税よりも、来たる２０１９年の10％増税の方が、「消費」をより激しく冷え込ませ、日本経済により大きなダメージをもたらすことが「心理学」の視点から予期されるのである。

　ただし、この「10％増税の購買欲の抑制効果」は、男性よりも女性の方がより顕著であることが、この実験から実証的に示されている。

同様の推計値を、「女性」のサンプルに限って求めたものを図4、図5に示す。

ご覧のように、10%に増税される2019年増税は、2014年増税の4・4倍も購買意欲低減効果が「大きい」という結果となった。これは、とりわけ女性において10%とそれ以外の税率との間の計算のしやすさの違いが大きい、言い換えるなら、女性においては10%になった途端に「急激」に税額を計算できるようになる、ということを示唆している。

いずれにせよ、10%増税時には、8%増税時よりもより激しく消費が冷え込むが、その冷え込みはより女性においてとりわけ顕著であることが、実証的に示されたのである。

「10%増税」は、深刻なダメージを日本経済にもたらす

「デフレ下の消費増税」は間違いなく、経済に打撃を与え、国民を貧困化させる。

そして未だにデフレ脱却は果たせておらず、今もデフレが継続している以上、2019年10月の消費増税は「確実」に日本経済にダメージをもたらす。

しかも、2019年10月における具体的な条件を一つひとつ吟味すると、その増税は2014年の8%消費増税とは比べものにならないくらいの、異次元の深刻なダメージをもたらすであろうという実態が見えてくる。

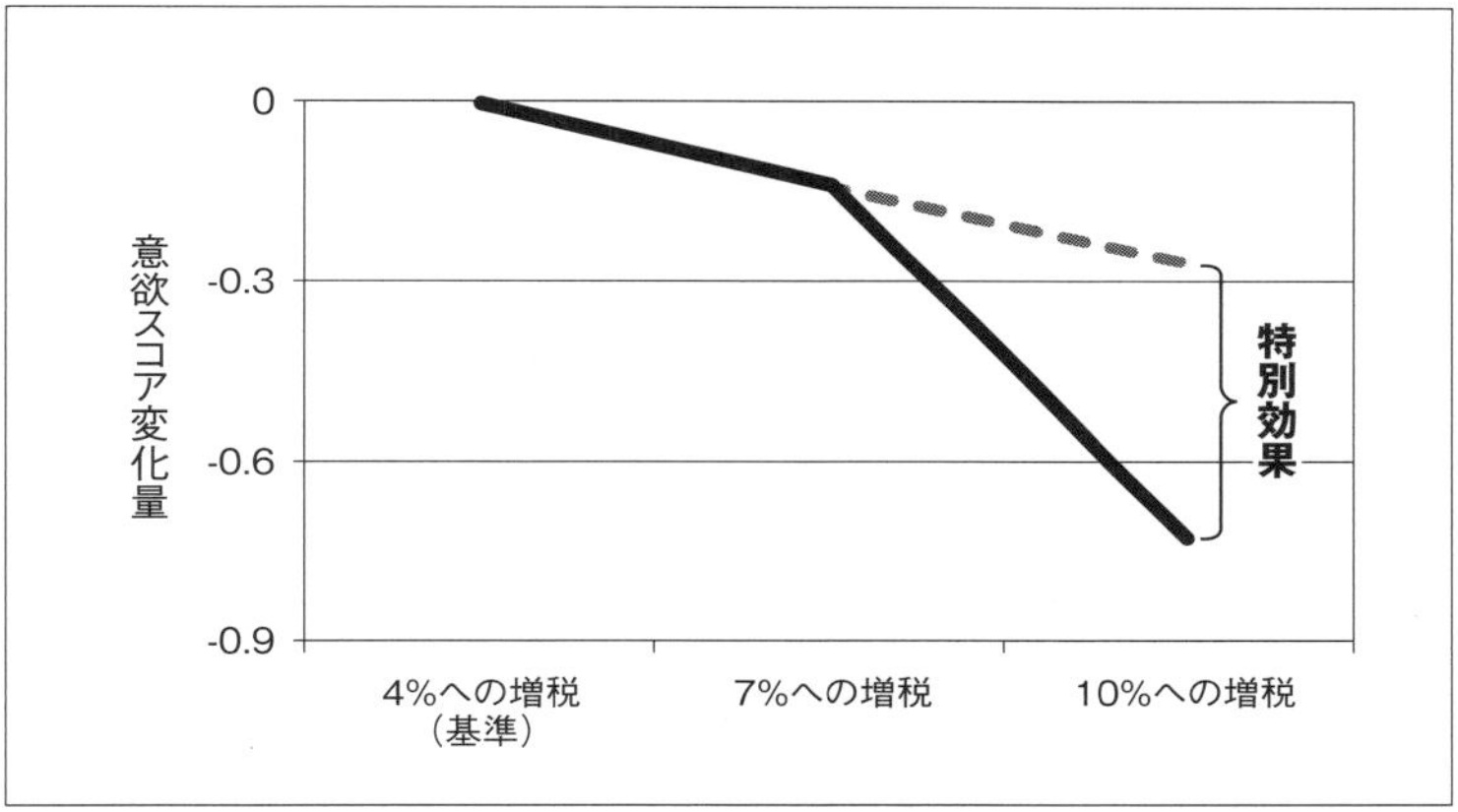

図４　心理実験の結果（女性サンプルの場合）（7％増税時、10％増税時に、購買意欲がどれくらい低減するかを測定した結果）
＊　縦軸は、心理尺度のスコアだが、その絶対値に実態的意味はない。ただし、7％と10％の差が購買意欲の差を示している。

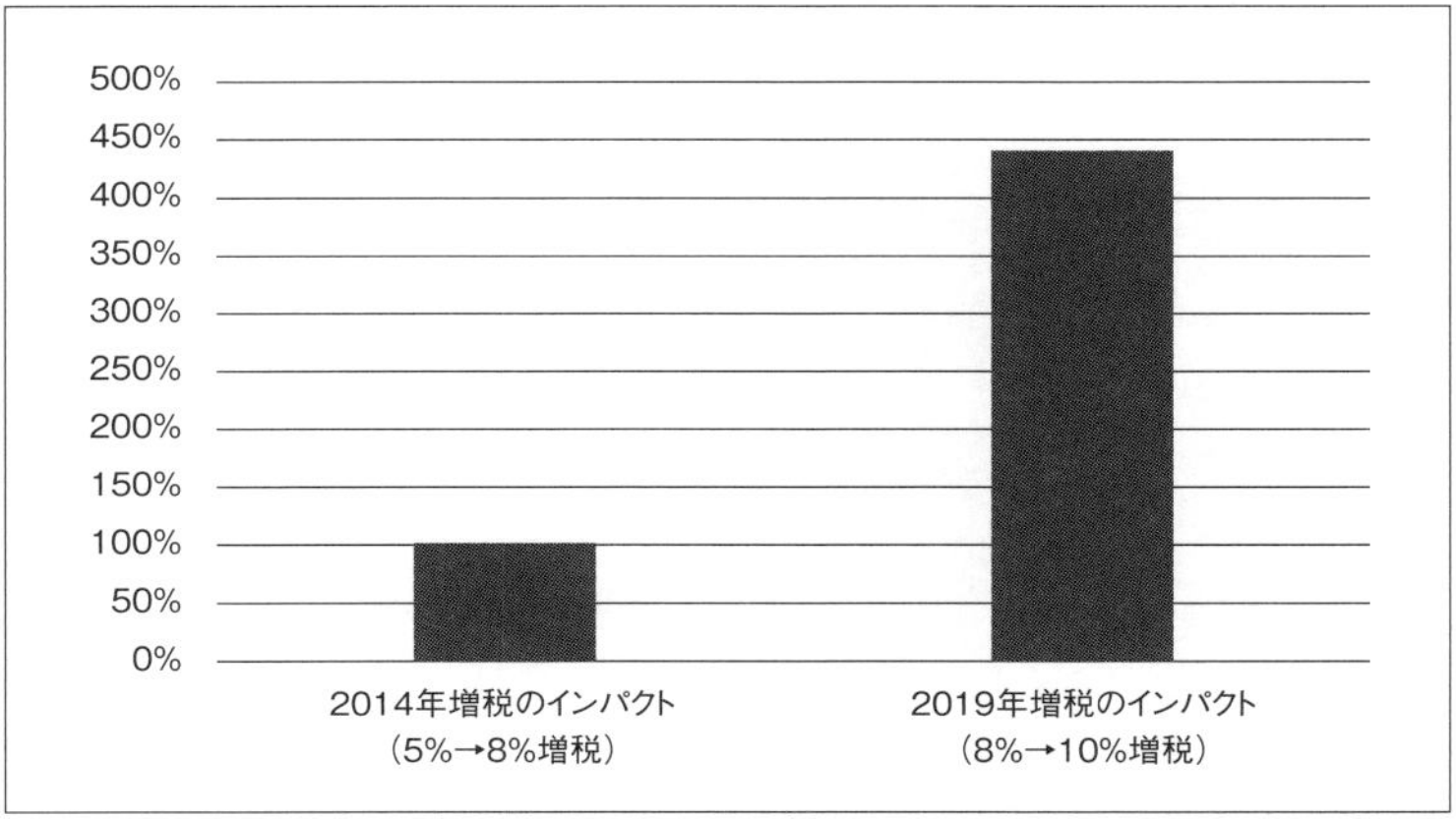

図５　2014 年増税（5 → 8％増税）と 2019 年増税（8 → 10％増税）による購買意欲低減量（女性サンプルの場合）

第一に、２０１４年増税のダメージを緩和・相殺した「外需の増大」が、２０１９年においては期待出来ず、日本経済は増税による消費縮小の影響を「モロ」に受けることとなる。

第二に、２０１４年増税の時は、（アベノミクスによる）デフレが「緩和」していくプロセスにあったことから、増税ダメージは最小化された。しかし、２０１９年においては、２０１４年増税の余波が残存していることから、１９９７年当時と同様に、デフレが「悪化」していくプロセス途上での増税となる。その場合１９９７年と類似した深刻なダメージが増税によってもたらされるものと考えられる。

第三に、２０１９年は「働き方改革」によって労働者の所得が最悪8兆円規模で縮小する可能性が危惧されると同時に、オリンピック特需が終焉に向かい始める時期でもあり、増税による経済被害がさらに増幅することは必至である。

そして第四に、次回の増税で「10％」となり「税額の計算が各段に容易になる」ために、消費者心理インパクトが格段に増大する。結果、購買意欲の「低減効果」は、２０１４年増税のそれをさらに上回るものとなる。

つまり、２０１９年の秋の消費増税は、増税インパクトをはねのける**日本経済それ自身の勢いも、外需によるサポートも見込めない上に、オリンピック特需の終焉や働き方改革といった最悪のイベントとも時期が重なり、かつ、「10％」という数字による心的インパクトの飛躍的増大**のために、日本経済にもたらす**破壊的**ダメージは**極めて深刻**なものとなるのは

「必至」の状況なのだ。

消費税について政治的にどのような立場を取ろうが、どのような意見を持とうがそれは個人の自由だとしか言いようがない。しかし、ここに述べた「数々の事実」を無視することだけは絶対に許されない。それほどまでに、次回の消費増税が危険極まりないものであるということの「証拠」は既に、出揃っているのである。

消費税10％への増税は、我が国に最悪の「悪夢」をもたらすことはもう、避けられそうにはないのだ。

第４章

消費増税を「凍結」した後どうするか？

――「税と社会保障」のあり方を改めて考える

今、日本のために、消費税の「凍結」が求められている

本書の冒頭で、2019年10月の10％への消費増税は、政治的には決められたことだということを述べた。

しかしこれまでの議論から明らかな通り、今、本当にそんな消費増税をしてしまえば、日本経済は途轍もなく冷え込んでしまうのは不可避だ。

そうである以上、日本国民は今、政治的に決められてしまった消費増税の「凍結」（可能ならば「減税」）を、まず第一に考えなければならない。それこそが、日本経済に最悪の被害がもたらされることを避けるための、最善の策なのだ。

実際、安倍内閣は、2014年に8％に増税して以降、二度にわたって10％への消費増税を延期させている。

一度目は、2015年10月に予定されていた10％増税を、その約1年弱前の2014年の11月に1年半延期する決定を下した。

二度目は、その延期によって新たに増税日として設定されていた2017年4月の10％増税を、さらに2年半延期し、2019年10月に延期する決定を下した。なお、その決定を下したのは、増税予定日の同じく約1年弱前の2016年5月であった。

このように、過去二度の増税延期は、増税延期日の「1年弱前」に、総理によって決断さ

れている。これは、増税をするにせよしないにせよ、その準備にその程度の時間が事務的に存在することが望ましいからと考えられる。

これまでの二度のパターンを考えると、次回の増税の凍結の判断は、2019年の10月の1年弱前の本書執筆時点の本年（2018年）の11月〜12月頃だと想定されることになる。ただし、リーマンショック級の経済危機や東日本大震災級の巨大災害が生ずれば、それは国家の「非常事態」であるから、タイミングにかかわらず、増税凍結を決定することが可能ではある。とは言え、増税延期の実務的な諸手続を考えれば、増税の半年くらい前（2019年3月前後）までが、一つのタイムリミットの目安であると考えられる。

「消費税の凍結」の際に話題に上る「代替財源」。まずは躊躇なく「国債」を発行すべし

さて、消費税の凍結を政治的に決定する際、必ず話題に上るのが、その「代替財源」の問題だ。つまり、増税すれば入ると見込んでいた増収分が、凍結すれば政府に入ってこなくなるので、その代わりのオカネを探さないといけない、という話だ。

しばしば、増税延期に反対する消費増税派の人々は、「代替財源がないから、増税延期、凍結は不可能だ」と主張する。とりわけ、2018年8月現在、政府、国会は、2019年

度の予算において、来年度の消費税増税で得られる税収の「半分」を、子育て支援や教育、社会保障等に活用することが決定されていることを受けて、彼らは**「だいたいもう、増税を織り込んで予算ができてる。代替財源なんてスグにでてこない。だから増税しなけりゃ、今の政権の目玉政策の子育て支援も、教育や社会保障の充実もできなくなる。だから、増税とりやめなんてもう無理なんだよ」**というのが一般的だ。

しかし、それは**「ウソ」**だ。

そもそも、増税することで、トータルの税収が「減る」ことが予期される。実際、2014年の8%増税の時には、増税後、**1年目の税収が1兆円以上、2年目の税収は2兆円以上、3年目の税収は3兆円以上……も「減る」**という帰結が得られている（第1章図8参照）。だから、増税を延期すればその分は、税収が「増える」こととなる。この増える分は本来、**「代替財源」と呼ぶべきものだ。**

とは言え、消費増税を主張する人々はこうした議論を**全て否定する**であろう。そもそも彼らは増税すれば経済が停滞し、税収が減るという真実を一切認識しようとはしないからだ（さもなければ、「財政再建のためにはデフレであろうがなかろうが増税が必要だ」というような暴論を吐ける筈もなかろう）。

しかしそれでもなお、代替財源はある。

そもそも政府の財源は、**「税収」**以外にも**「国債」**がある。

国債とは、銀行や金融機関などから国がオカネを「借りる」際に発行するものであり、いわゆる借金に相当する。

なお、**会社で言うなら、税収が「純利益」、国債は「社債や融資」**に相当する。

ちなみに「借金」というと、家計における借金を思い出し、何やら特殊な悪いものというイメージがあるかも知れないが、会社においては社債や銀行の融資は至って普通に行われている。というよりも多くの会社は、社債や融資がなければ成り立たないものですらある。利益だけで運営していては、新しい投資もできないし、研究開発も何もかも出来なくなるからだ。

だから、「国債の発行」は「家計の借金」とは異なり、資本主義社会においては至って当たり前のものであり、何も「悪いもの」ではない。むしろ、**事業拡大をもたらす「善いもの」**ですらある。

だから税収が減ったとしても、その分、国債を発行して財源を調達すればそれでよいのだ。

そもそも、大型の金融政策として、年間80兆円もの規模で国債を日銀が買い続けているような今の日本の状況下で、消費税増税で増えると見込まれている5兆円程度の財源を、国債発行で調達できない筈はない。

だからまずは次年度予算は、増税ができない分は「国債」の発行を通して財源を調達し、子育て支援や教育等の充実などを含む現在の予算案を、そのまま次年度執行すればそれで良いのである。

そうすれば次年度以降、「消費増税をする場合」と比較すれば、経済は確実に「活性化」する。[*13] そしてその必然的帰結として、税収も「増える」。そしてその増収分は、1年目よりも2年目、2年目よりも3年目と、年を追う毎に拡大していく。経済全体の成長率、税収で言うならその伸び率が、増税をしないことで拡大するからだ。つまり、増税をしてしまえば「自然増収」がほとんど伸びない一方で、増税をしなければ成長率があがり、「自然増収」がどんどん毎年大きくなっていく。実際、1997年の増税の時も、2014年の増税の時も、税収は大きく冷え込んだのであり、それに比べれば増税を凍結すれば、より多くの自然増収が得られることは間違いないのである。

だから、**「国債」を躊躇なく発行すれば**、それによって国債発行総額が短期的に増加する可能性があるとしても、それ以後、着実に縮小し、数年も経てばもう、増税をしなかった方が、税収それ自身が大きいということになり、**かえって、国債の発行額を「縮小」できる**のである。

繰り返すが、1997年の増税の時、国債発行額が増税によってかえって20兆円規模で拡大してしまったことは、第2章にて詳しく解説した通りだ。

国債発行額を減らしたいのなら、（例えば、消費税を導入した1989年のように）経済に勢いがあり、消費税を導入しても**成長率が大きく毀損しないタイミングまで「待つ」**ことが必要だ。さもなければ、消費増税は、かえって国債発行額を「拡大」させ、財政を悪化させてしまうのである。

だからこそ、今、為すべきことは、**迅速に消費税の増税をとりやめ、躊躇なく国債を発行し、その代替財源とする、**ということを決定することなのである（そして後に詳しく述べるように、経済を大きく停滞させる消費税ではなく、法人税やキャピタルゲイン課税、混雑税や環境税等の、政策的に意義のあるその他の項目の「増税」の議論をじっくりと展開することなのである。そしてそれと平行して、社会保障のあり方をじっくりと論ずることも忘れてはならない）。

経済学者達の「デマ」が、国民の不安を煽っている

もちろん、増税派は、国債発行に対して強く反発をするであろう。

そもそも彼らは、「国債発行を減らすためにこそ、消費増税を行うべきだ」と主張してい

＊13　しばしば増税派は、「増税を延期しても経済が活性化する保証はない」と主張し、「だから増税延期に意味はない」という主張を行う。しかしこれは典型的な詭弁だ。「今年から来年」にかけて、増税をしなければそれだけで経済が確実に成長していくという「保証」がないのは当たり前だ。しかし、「増税しない場合とする場合」とを比較すれば、しない方が経済が活性化しているのは明白だ。その差があるだけで、増税延期に重大な意味があるのだ。

るのだから、彼らが反発するのは必至だ。

そして多くの国民も、**「消費増税を延期ばかりしていたら、国の借金がどんどん増えて、日本が破綻するんじゃないか……？」**という漠とした不安を持っておられるのではないかと思う。実際、本書で何度か紹介した「半数の国民が消費増税に対して是認している」という今日の世論環境は、そうした「不安」がかなり社会の中に蔓延していることを反映したものと言う他ない。

しかしこうした「国民の不安」は、経済学者達が撒き散らかしたデマによって喚起された不必要な不安に過ぎない。にもかかわらず、このデマは本当に今、日本人の精神の奥底にまで浸透してしまっているので、それを払拭するのは決して生やさしいものではない。

事実、おそらくは、ここまで読み進めてこられた読者の方におかれても、

「国の借金は今、１０００兆円にもなっていて、これを放置しておくと、その内、何かドエライことになって、日本はメチャクチャになるんじゃないか……？」


という不安が心の中に未だに残存しているのではないかと思う。

しかし繰り返すが、こうした心配はほとんど何の根拠もない**「杞憂」**（無用の心配）であり、ただ単に、経済学者や増税推進派が撒き散らかした**「デマ」**であり**「プロパガンダ」**（主義

の宣伝）に煽られているに過ぎぬものなのだ。

ついては、以下では、経済学者達によるこうしたデマを「国が破綻するから消費税だ」説と呼称し、それがなぜ、単なるデマに過ぎないのかを、できるだけ分かり易く解説したいと思う。

ちなみにこの「国が破綻するから消費税だ」説は、以下に詳しく解説するように、一般人の無知を利用して作り上げられた実に巧妙なデマなのだ。だから、普通に暮らしている普通の人々は、実に簡単に騙されてしまう。しかし、以下の解説をじっくりお読みいただき、よくよく理解いただくことができればもう二度と騙されることはなくなるに違いない。ついては是非、消費税を凍結し、日本を消費税の破壊から救いだすためにも下記の解説を、じっくりお読みいただきたいと思う。

「国が破綻するから消費税だ」説のデマ（理由1）：消費税でかえって借金が「増える」

「国が破綻するから消費税だ」説が単なるウソである最初の理由は、これまで既に何度も説明したように、消費税を増税すれば、経済が停滞し、かえって税収が減って、財政が悪化してしまう、という点にある。

実を言うと、もうこの一点だけで「国が破綻するから消費税だ」説がデマであることの証明を終了しても良いのだが——残念ながら、増税派は、次のように反論する。

「消費税を増税しなくても自然増収が増えるのかも知れないが、それはとても不確実だ。でも、消費税を増税すれば確実に税収が増える。だから、確実性を考えればやはり、増税した方が、財政の健全化にはよいのだ」

しかし、この反論もまた、ウソだ。

そもそも、消費税は1997年や2014年のように「デフレ状況下」においては「確実」に税収の減少を導く。消費税が「消費の罰金」として機能する以上、それは「確実」なのだ。だから、仮に国の破綻を回避したいと思ったとしても、現在のようなデフレ状況下では、消費増税は凍結することが得策なのである。

「国が破綻するから消費税だ」説のデマ（理由2）：「国の破綻」という曖昧な言葉による「詐欺」

既に「理由1」だけで、このデマのウソの証明は終了しても良いのだが、実はこれ以外にもこのデマには実に様々なウソが含まれている。それらのウソを一つひとつ全てご理解いただく方が、今後、専門家達のプロパガンダ（宣伝）に騙されるリスクを減らすことができることから、それらについても一つずつ解説していこうと思う。

まず、多くの一般の方々は「国が破綻する」ということが、一体何なのかが正確には分からないのではないかと思う。

この言葉は要するに「日本がメチャクチャになる！」というイメージを示しているが、国の借金が増えたくらいで日本がメチャクチャになることなどあり得ない。

例えば、国の借金（正確に言えば、政府の借金）が増えたことで、最悪の状況に陥った例としてしばしば上げられるのはギリシャだが、**彼らがメチャクチャになったのは、何も、「国の借金が増えた」ことが原因ではない。**

彼らは経済が低迷し、失業者が増えてしまったことが「原因」で、税収が減り、借りた金が返せなくなり、「政府が破綻」したのだ。

つまり、事実上「国が破綻」状態になったから「借金が増えて政府が破綻」したのであって、増税派が主張するように「借金が増えて政府が破綻」したから「国が破綻」したのではないのだ。

——お分かりいただけただろうか？

少々分かりにくい話かも知れないが、実は、専門家達は、この「分かりにくさ」を使って、一般の人々を騙しているのだ。
ここは、彼らのウソを見抜く上で極めて重要なポイントとなるので、少々詳しく解説しよう。

このウソ、ないしは詭弁のポイントは「国の破綻」という言葉を使っている点にある。実はこの「国の破綻」という言葉は、**二通りの解釈が可能**なのだ。そして彼らはこの二通りの解釈ができるという事を上手に活用して、巧みに人を騙しているわけだ。ちなみに、こういうパターンの「騙し」は、**「本質的に曖昧な語句」**と呼ばれる、詭弁の論理学では古典的な方法としてよく知られているものだ（詳しくは、こちらの注[*14]をご参照いただきたい）。

解説しよう。

まず、専門家にとっては、**「国の破綻」**という言葉は**「政府が、借りた金を返せなくなる状態」**を意味している。政府の借金が膨らんで、その返済や利息払いが膨らむと事実上返せなくなるということは起こるのであり、実際、それがギリシャで起こったことだ。

しかし、**「国の破綻」**という言葉から、多くの一般の方や政治家達が想起するのは、**「国がムチャクチャになる」**というイメージだ。それはギリシャのように、国民が貧困化し失業者が拡大するというような状態だ。

だから、一般の方（あるいは多くの政治家）は、「国の借金が1000兆円を超えて増え続けると、国が破綻する」というセリフを聞くと、「借金が1000兆円を超えて増え続けると、国がメチャクチャになる」と解釈するわけだ。しかし、それを口にしている専門家側は、「国の借金が1000兆円を超えて増え続けると、政府がその借金を返せなくなる状況になる」という内容を話しているわけだ。

だから専門家は、それなりに正しい事を発言している、と言うことはできる。しかし問題は、専門家達は、一般の方が「国がメチャクチャになる、と勘違いするであろう」ことを**知りながら、あえて「国が破綻する！」という言葉を使って煽っている点にある。**

これこそ、「本質的に曖昧な語句」というタイプの詭弁なのだ。

つまりこれは、聞き手が勘違いすることを意図しながら、曖昧な語句を使って、人を騙そうとする、典型的な詭弁のテクニックなわけだ。

だから、今後「国が破綻する」ということを口にする論者がいれば是非、

「その国が破綻する、という言葉はどういう意味ですか？」

と聞いてみればよい。

おそらくは答えられず「メチャクチャになることだよ」と曖昧に答えるだろうが、そうなれば即座に「政府の借金が増えただけで、なぜ、国家全体がメチャクチャになるのか、教えて下さい」と聞いてみればいい。彼は答えられないだろう[*15]。

＊14 この詭弁の詳細は『山田慎太郎、藤井聡、宮川愛由：為政者の政治的言説における詭弁に関する実証的研究、人間環境学研究、Vol.14, No. 2, 2016』を参照されたい。

いずれにしても、「国が破綻する！」という言葉に過剰に怯える必要はない。それは、決して国が、つまり、あなたの暮らしがメチャクチャになるということを意味しているのではないのだ。ただ単に、「政府が借金を返せなくなる」ということを意味しているに過ぎないのだ。そして、（現時点では絶対にあり得ないが）「政府が借金を返せなくなる」ということが起こったとしても、国自体が即座にメチャクチャになるなんてことはあり得ないのである（ただしその逆、つまり日本経済がメチャクチャになれば、政府が借金を返せなくなることはほぼ確実に起こるのだが）。

いずれにせよ、「国が破綻するから消費税だ」説は、それを口にする専門家は「政府が借金を返せなくなる」という趣旨で発言しているというタテマエなのだが、ホンネでは国民側に「国がメチャクチャになる」と勘違いさせようとしているという点において、実に巧妙な「詭弁」であり「ウソ」であり「デマ」なのである。

「国が破綻するから消費税だ」説のデマ（理由3）：「日本政府の破綻」は現実的にあり得ない

以上の二つの理由だけで、「国が破綻するから消費税だ」説は何の信憑性もないデマであることをご理解いただけるだろうが、まだまだ別の理由がある。

それは、仮に「国の破綻」を「政府の破綻」と読み換えたとしても、その「政府の破綻」**は現実的に日本では起こりようがない、という点にある。**

そもそも、ギリシャ、あるいは、国内の自治体では、北海道の夕張市において「政府の破綻」つまり「借金が返せなくなる」という事態が生じたが、それは彼らに「通貨発行権」が**なかった**からなのだ。

つまり、彼らはカネを返す時に、自分の権限でそのカネを「作る」ことが、何をどうやったってできなかったのであり、だからこそ「破綻」してしまったのだ。ギリシャは借りていた「ユーロ」が返せなかったが、ギリシャ政府にはユーロを勝手に作る権限などなかったのだ。同様に、夕張市においても、「円」を借りていたのだが、夕張市が勝手に「円」を作ることなどできない。作ればもちろん、偽札づくりの犯罪になってしまう。

ところが、アメリカがドルでカネを借りても、日本が円でカネを借りても、中国が元でカネを借りても、返す時に政府の力でカネを容易く「調達」することができるのだ。つまりど

*15　あるいは、その人が少し詳しい人なら「政府が借金をギリシャのように返せなくなることです」と答えるかも知れない。その場合には、「で、それが何か問題あるのですか？」と聞けばよい。彼はいろいろと答えるだろうが、今のギリシャの国家経済的混乱が、政府の破綻にあるということを説明することは絶対にできない。なぜなら、国家経済的混乱が政府の破綻の「原因」だからである。政府の破綻が国家経済的混乱の原因になっている側面が一部にあるとしても、国家経済的混乱がなければ政府が破綻することなどあり得ないのだ。だから、政府を破綻させたくないなら、国家経済を立て直す他ないのだ。

んな国でも、「政府」が「自分の国の通貨」でカネを借りている限り、そのカネを返済する時に、いとも容易くカネを「調達」して返すことができるのだ。何と言っても、**中央政府はその国の通貨を発行する権限、つまり、通貨発行権を持っているからである。**

だから、自国通貨建ての借金で破綻してしまったなどという（お間抜けな）政府など、**過去において存在しない。**政府の破綻は、それは全て「外国の通貨」を借りていた場合に限られるのだ（そして、ギリシャはその典型だったわけだ）。

もちろん、増税派は「中央銀行と政府は独立しているのだから、政府のために中央銀行がカネを与えるなんてあり得ない」と反論するだろう。しかし、ここで言及しているのは政府に中央銀行がカネを「直接供与する」という話ではない。ただ単に**「貸す」**という話だ。だから政府に対して「カネを貸す」ということを拒否する中央銀行が存在することは通常あり得ないのである。[16]

そして日本政府の借金は今、基本的に全て「円建て」の借金なのだ。だから、**日本政府が破綻するということなど、現実的にほとんど全く考えられない**のである（なおこの論点は、「貨幣とは一体何か？」という一点を考えれば、より一層「政府の破綻」があり得ないということが見えてくる。多くの国民が認識していないものと思われるが、そもそも「貨幣」とは、政府が、自ら所有する国家権力を使って、自ら作り出すものなのだ。具体的に言うなら、中央銀行は、政治学的に言っても株式保有形態から言っても政府の所有物であり、その中央銀行が発行する貨幣は、政府が実質的に発行しているということは政治学的に解釈可能なものなのだ。だから、「自分で作り出すものがなくなって、返せなくなる」、ということは、原理的にあり得ないのである)。

かくして、「政府が破綻」一点に絞って考えてみても、「国が破綻するから消費税だ」説は、有りもしない危機を煽る、明白なデマなのである。

「国が破綻するから消費税だ」説のデマ(理由4)：政府の破綻を心配する市場関係者はいない

さて、先に指摘したのは、日本銀行が存在する限り、現実的に政府が破綻するということはあり得ない、という「論理的」な話であったが、「国債市場の現状」を見ても、政府が破綻するということはあり得ないことが見えてくる。

ここで、「政府の破綻」と「国債の金利」の関係について一言説明しておこう。

国債の金利とは、政府がカネを借りる際の利息払いの利率のことである。

この利率(金利)は、実は、「政府の信用の高さ」を表すものであることが、一般に知ら

＊16　もしあるとすれば、中央政府を破綻させてやろうという悪意ある中央銀行に限られよう。通常、中央銀行は、国内の経済の安定を目標として運営されているのであり、中央政府が破綻の危機にあるときにカネを貸し渋るような中央銀行、あるいは、中央銀行総裁が存在することはあり得ない。

れている。

もし、「この政府は、破綻するんじゃないか?」という認識が市場で共有されていると、一般に金利は跳ね上がっていく。なぜなら、「カネを貸しても、破綻してしまえば、貸し倒れになってしまい、カネが返ってこなくなる」というリスクが高ければ、誰もそんな危ない政府にカネを貸そうとしなくなるからだ。にもかかわらず、無理矢理カネを貸して欲しいと思うなら、「高い利息を払います」と言う以外に方法がなくなるのだ。

実際、ギリシャは、破綻が危惧されていた頃は、金利は30%や40%に跳ね上がっていた。

一方で、「この政府は、絶対に破綻しないだろう」と思われている場合、金利は「ゼロ」に近づいていく。絶対にカネを返してくれるのなら、別に高い利息をもらわなくても良いと、皆が思うからだ。

そして今、日本の国債の金利は、0・1%程度という超低金利の状況にある。

これはつまり、市場で国債をやりとりしているプロの市場関係者達に、「日本政府は絶対に破綻しない」と「確信」されていることを意味している。

つまり、国債や政府の信頼性についてあまり知識を持たない一般の国民は「政府は破綻するかも!?」と怯える気持ちを持っているのかも知れないが、プロの市場関係者は正反対に**「日本政府の破綻なんて絶対あり得ない」と「確信」**しているのだ。

こうしたプロの関係者の「確信」はどこから来るのかと言えば、第一に日本の国債は、政府が発行している円建ての国債だから、返せなくなるということなどない、と皆が確信していることが最大の理由だ。つまり、先に説明した論点は、一般の方々にとっては耳馴染みのない話であっても、プロから見れば当たり前のことなのだ。

第二に、今日本はデフレなので企業が銀行からあまりカネを借りなくなってしまっているからだ。その結果、日本中の銀行等にカネが大量に余っている状態だ。だから彼らは仕方なく国債を買い続けているのであって、結果、国債は今、大人気の金融商品となっている。これは要するに、日本中の銀行が、こぞって政府にカネを貸そう貸そうとしていることを意味する。関係者達はその事を知っているから、政府の破綻などあり得ないと確信しているのだ。

第三に、今、国債を買いまくっているのは民間の銀行等だけでなく、日本銀行も買いまくっているからだ。先にも触れたが、アベノミクスと呼ばれる経済政策の中で、日本銀行は年間、80兆円(!)もの国債を買い続けている。これがあるから、関係者達はより一層、政府の破綻などないと確信しているわけだ。

これだけの条件が揃っているのだから、例えば、消費増税を凍結して、年間5兆円程度、国債の発行額が増えたとしても、それが原因で国債金利が急激に上がったりすることなど、絶対にあり得ない。繰り返すが、たくさんの国債の買い手の中で、日本銀行が買い取っている国債だけを考えても、その金額は年間80兆円なのだから、5兆円程度の国債が増えたからと言って、国債マーケットに何らかの影響が及ぶなんてことは、あり得ないのだ。

「国が破綻するから消費税だ」説のデマ（理由5）：消費税以外の増税はいくらでも可能である

このように、「国が破綻するから消費税だ」説は、

① 「デフレ下で消費増税をすれば税収が減る」という「真実」を考えても、

② 「国が破綻する」という言葉を使って「国がメチャクチャになる」というイメージを喧伝し、国民を脅しているものの、そんな事にはなり得ないという点を考えても、

③ 「日本政府が円で借金をしている以上、破綻するということはあり得ない」という点から考えても、

④ 「現在の市場関係者が、日本政府が破綻するとは一切考えていない」という点から考えても、

「デマ」であり「詭弁」であり「ウソ話」に過ぎないのである。

そして誠に恐ろしいことに、「国が破綻するから消費税だ」説が「デマ」なのはこれら全ての論点を持ち出す必要などさらさらない、という点にある。これらの内、どれでもいいの

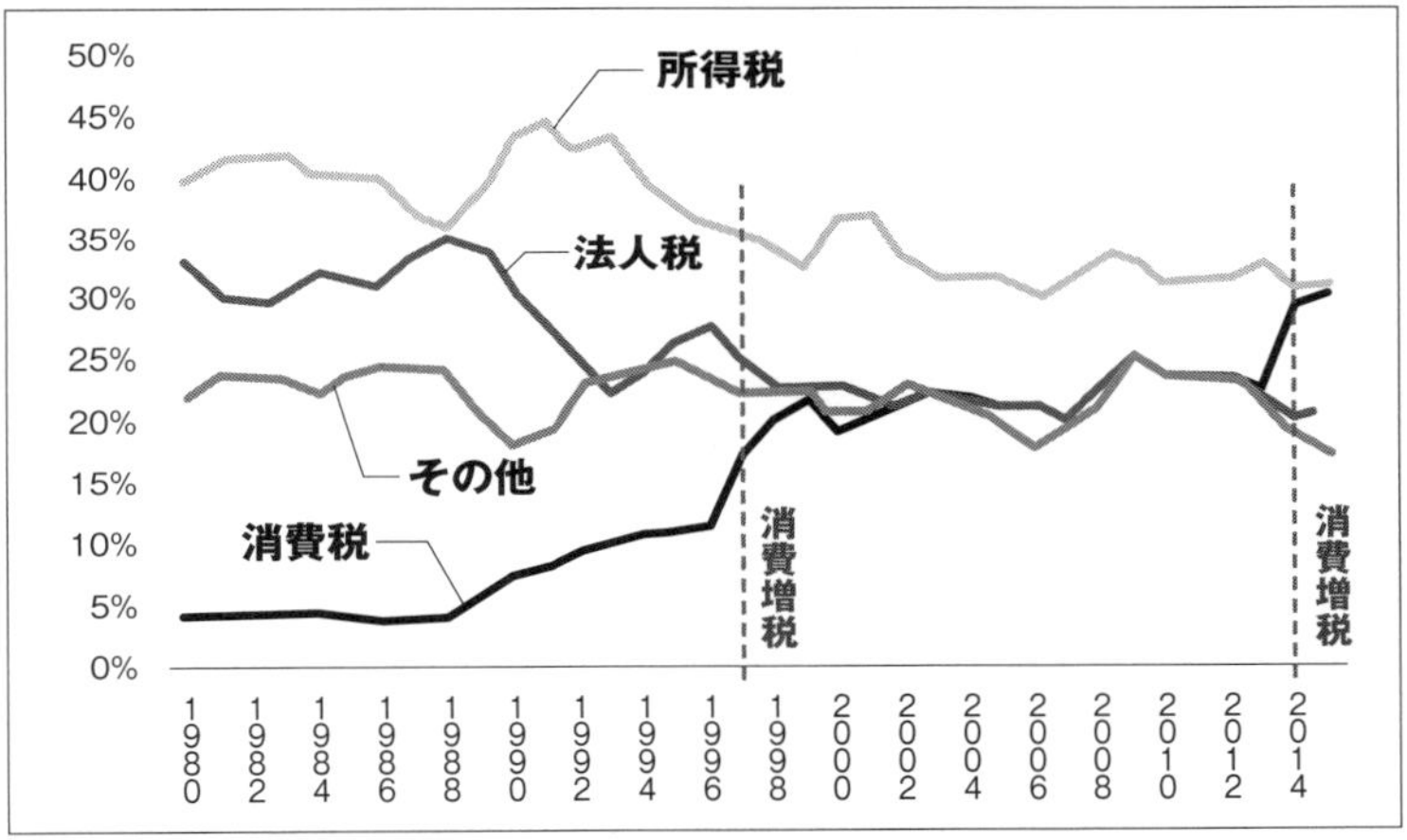

図1　消費税・法人税・所得税等の総税収に対するシェア（割合）の推移

で一つを考えるだけで、それが「デマ」であることとなるわけだ。

ただここで、最後のだめ押しで、万一、何らかの「増税」をするにしても、増税する対象として「消費税」を選ぶ必然性など何もない――という点を指摘したいと思う。

まずは、図1をご覧いただきたい。

これは、1980年から今日に至るまでの、消費税と法人税、所得税等（総税収に対するシェア＝割合）の推移だ。

ご覧のように、80年代から97年の消費増税までの期間、法人税の方が消費税よりも圧倒的に高い水準であった。法人税のシェアが約3割、所得税が約4割前後を推移していた。一方で、消費税は5％～10％程度を推移していた。

ところが、97年の3％から5％への消費増税を契機に、その構図が大きく変化していく。
まず、消費税のシェアが20～25%程度の水準となる。
一方で、法人税も所得税も、そのシェアを大きく低下させていく。
そして、法人税については、消費税とほぼ同程度の20～25%程度の水準にまで低下してしまう。そもそも「法人税」というものの大半は、「利益を上げた企業」が支払っている。そしてデフレの今日、大半の中小企業は「利益」を十分に出していない（全企業の約7割しか、利益を出していない）ことを考えると、こうした税収のシェアの変化は、**大企業が支払っていた税金を「減税」し、その減った分を「消費者」つまり「一般の庶民」が肩代わりするようになったことを意味している。**

また、同様に所得税もおおよそ30%程度の水準にまで低下してしまう。所得税には「累進性」というのがあり、「税率」がお金持ちほど高いというように設定されている。一方で、消費税にはそういう累進性はなく、一律の税率だ。だから、「所得税から消費税」にシフトしていった分は、**「お金持ちがたくさん払っていた分を、一般の庶民が肩代わりしてやるようになった」**ことを意味している。

こうした傾向は2014年の消費税増税によってより決定的なものとなった。

ご覧のように、**消費税と法人税のシェアは完全に逆転**。今や、消費税の方が法人税の1・5倍もの水準に至っている。そして、**所得税と消費税がほぼ同水準で並ぶ**こととなった。

このように、過去30年の税制は、消費税の増加と、所得税と法人税の「減税」が同時並行的に進んでいったのである。なお、（このグラフはシェアであるが、税収総額に着目して）各税収項目を1990年と2015年とで比較すると、法人税は約7兆円、所得税は約8兆円縮小した一方、消費税は13兆円も拡大した。つまり、法人税と所得税と削った分の大半（83％＝13兆円／7兆円＋8兆円）を、消費税が「穴埋め」したわけである。

これはつまり、大きな傾向として言うなら、「金持ちと大企業がかつて支払っていた税金を10兆円以上に減らしてやり、その大半を、貧乏な世帯も含めたすべての庶民が肩代わりしてやるようになった」ことを意味しているのである。つまり消費増税は確実に、庶民の間の「格差」や「不平等」を拡大させたのである。

こうした過去の経緯を全て踏まえるなら、これから「増税」の議論をするにしても、必ずしも「消費税」だけをターゲットにする必要はない、という、いわば当たり前ともいえる当然の真実が浮かび上がる。そもそも法人も一般の世帯もそれぞれ7～8兆円もの水準で、この四半世紀で負担が軽くなってきたのだから、誰かの税負担を拡大したいのなら、法人や世帯の負担率を上げてもいいのではないか、という議論が自然と成り立つのである。

にもかかわらず、こうした議論を全て無視して、増税を考える際に「とにかく、消費税を増税せよ！」と主張する議論は、ほとんど何も考えていない、思考停止に基づく不条理な論理に他ならないと批判されても、何ら理性的に反論できないのではないだろうか。

「公益」に資する税制を考える――消費税の「代替財源」

なお、消費増税を凍結すれば、おそらくはこの「五つ目の論点」、すなわち、消費税以外のどの項目で増税するのか、という議論が（好むと好まざるとにかかわらず）俄然、注目を集めることとなるであろう。そもそも、消費税は、**「消費に対する罰金」**としての機能を持ち、かつ消費こそが日本経済の最大のエンジンなのだから、**経済に対する破壊的インパクトは尋常ならざるものである**――というのが、本書の最大のメッセージであった。そして、上記に述べたように、消費税は経済を停滞させるだけでなく、貧富の別を無視して全員から一律に税を取り立てることから**「格差を拡大」**させるというデメリットまである。

なおそれにもかかわらず、消費税が財務当局に好まれてきたのは、その税収が、法人税のように景気の影響を受けず、「安定」的に得られるからである――それ故、消費税はしばしば**「安定財源」**と呼ばれている。しかし、「安定」というメリットが仮にあるのだとしても、**税率を上げれば上げるほどに景気が停滞して総税収が減っていくのなら、デメリットの方が遥かに大きくなる**のは、言うまでもない。

こうした点を踏まえるなら、「増税する」ということを考える場合には、消費税を回避することが何よりも必要だという結論にならざるを得ないのだが、それ「以外」の税項目ならその「増税」は十分に考慮の対象とすることができよう。

事実、以下に述べるような税制度を考えれば、経済を低迷させるというよりはむしろ、**国民の経済活動をより公益に資する適正な方向に「誘導」することが可能となる**ものと期待できる。ついてはここでは改めて、「公益に資する税制や国民負担の仕組み」とは一体何なのかを、具体的に考えてみたいと思う。

【法人税】 まず、法人税については、**その基本的な税率を上げていくことが最も検討すべき対策である。**その理由の第一は、法人税は、「利益」にかかるものであり、「法人の売り上げ全て」にかかるものではないからである。したがって、利益を上げていない、経営的に苦しい企業（現在、全企業の約7割を占める）は税負担が増加することはない。一方で、少なくともデフレが継続している現在、利益を出すことに成功した一部の法人においても、その「利益」の多くは経済活動に回されることなく、「金融資産の内部留保」という形で「貯金」されているに過ぎない。したがって、法人税減税は必ずしも法人の経済活動を停滞させる効果を持つとは言えない。それよりもむしろ「利益がたくさん出てしまえば、税金でもっていかれてしまうのだから、税務署に取られるくらいなら、自分で使ってしまおう」と考える企業も多く出てくる。そのことを考えると、法人税増税で、民間投資をはじめとした企業の経済活動をさらに活性化する効果も期待できるのである。その上、既に「7兆円」も減税してきた過去を踏まえるなら、一定程度の増税を行う余地が多く存在することも期待出来よう。そもそもかつて（1980年代）の法人税率（基本税率）は40％以上もの水準であったのだが、現在は概ねその半分の20％強となっている。こうした経緯を考えるなら、増税の余地は十分にあると言えよう。

もちろん、法人税が諸外国よりも高い水準になると、企業の海外流出を促すという懸念もしばしば指摘されるが、その点に配慮するなら、国内企業の意向調査を行い、本当に海外移転する企業がどの程度あるのかを、イメージでなく、しっかりと実証的に確認しながら検討を進める必要があろう。そもそも、世界中の政府が、「法人税をあげると企業が逃げていくのではないか……」という疑心暗鬼にかかっており、「過剰な法人税の引き下げ合戦」が起こっている可能性も危惧されるからである。

さらには、**投資や賃上げ等、経済活性化に結びつく活動について後ろ向きの企業においては、その税率を、特に高くする**という方法は、経済活性化の視点から考えても得策だ。そもそも、今、経済を停滞させている重要な原因の一つが、先にも指摘した、（売り上げを投資や賃上げに使わずに）貯金を中心とした内部留保を増やし続けている、という企業の姿勢にある。そんな状況下で、投資や賃上げに後ろ向きの企業の税率を高めていくことで、結果的に、内部留保に回される「売り上げ」を「投資や賃上げ」に回していくことが期待される。

【所得税】　所得税については、累進課税に着目し、これまで進められてきた高額所得者の「減税」の流れを「見直す」ことが得策だ。こうすることで、さらに所得税を拡大していくのみならず、格差の是正や公平性を確保することも期待できる。そもそも所得税は法人税と同様、8兆円も縮小してきたのだから、増額する余地は大きく残されている。

【金融所得課税】　一般の国民の所得は、「勤労所得」と「金融所得」（非勤労所得）に分けられる。金融所得というのは、株式の売買や、株主配当を通して得る所得である。先に述べた「所得税」の議論は、前者の「勤労所得」に対しての議論であるが、後者の「金融所得」についての課税は、これまで必ずしも十分に議論されてきたわけではなかった。

ここで図2をご覧いただきたい。

まず、この図で着目いただきたいのは「実線」のグラフ部分である。このグラフの横軸はトータルの「所得」、縦軸（左側）はトータルの「所得税負担率」（つまり、トータルの所得に対して、どれだけの税を支払っているのかの割合。平成25年度）である。ご覧のように、このグラフは、約1億円あたりをピークとした「山」を描いている。つまり、所得が1億円までは、所得が高いほど所得税の負担率が高くなっていくが、それ以降は低減していく傾向があるわけだ。具体的に言うなら、所得が200万円や300万円程度の負担率は3％前後だが1千万円を超えるとおおよそ10％、1億円となると3割弱にまで上昇する。これこそ、「累進課

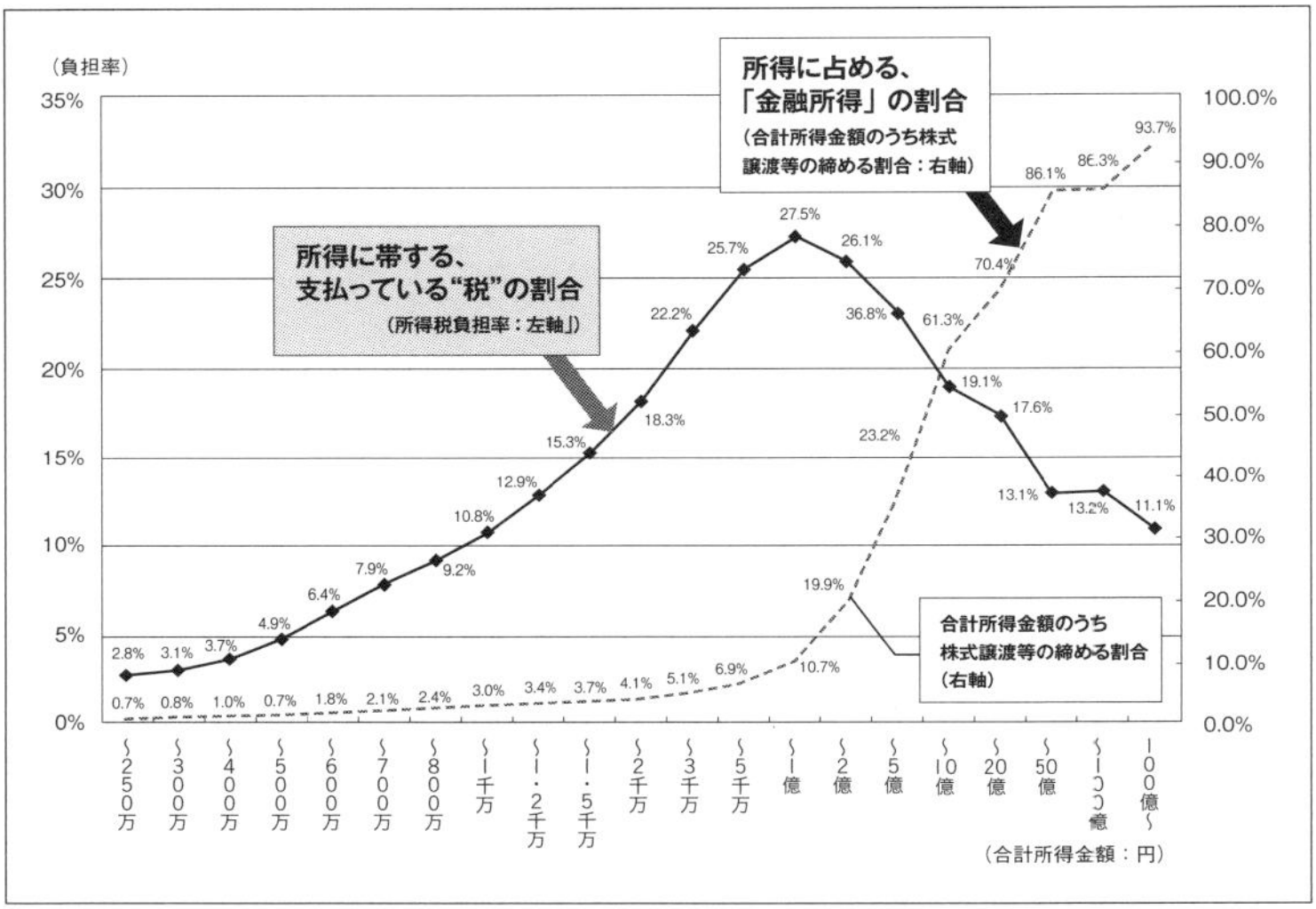

図２　平成25年度の所得水準別の所得税負担率（＝所得に対する、実際に支払っている所得税と金融所得税の合計値）ならびに、所得に占める金融所得の割合

＊　第23回税別調査会（2015年10月14日）　資料［総23-1］財務省説明資料（所得税2）1/9より

＊　国税庁「平成25年分申告所得税標本調査結果（税務統計から見た申告所得税の実態）」より

＊　所得金額があっても申告納税額のない者（例えば還付申告書を提出した者）は含まれていない。
また、申告不要を選択した場合の配当所得や源泉徴収で課税関係が終了した源泉徴収特定口座における様式等譲渡所得や利子所得等も含まれていない。

税」の考え方だ。ところが、10億円稼いでいる人の所得税の負担率は2割程度、50億円以上稼いでいる超高額所得者の負担率は実に10％強という水準へと下落していく。つまり、超高額所得者の彼らにおいては、儲ければ儲けるほど税率が低くなるという、累進性とは逆の「逆進性」が成立しているわけだ。

このある種の「不公平」はどこから来ているのかというと、高額所得者ほど、「金融所得」が多いからだ。この図の「点線」をご覧いただきたい。これは、横軸は同じく所得、縦軸（右側）は「総所得に占める金融所得の割合」だ。

ご覧のように、1億円までの「金融所得率」は1割以下の低水準だ。しかし、1億円を超えると、金融所得率はうなぎ登りに上昇する。例えば50億円を超える超高額所得者達は、その所得の実に9割前後が金融所得だ。

つまり、超高額所得者達の「トータルの所得税負担率」が低いのは、ひとえに金融所得が彼らの稼ぎの大半を占めており、かつ、その金融所得に対する税率が過剰に低いからなのだ。したがって、この「異様」とも言える「逆進性」を是正するには、金融所得に対する税率を上げればよいのである。

なお、このグラフが作られた平成25年時の金融所得税率は一律10％だったのだが、その後、引き上げられ、この不公平は幾分是正はされている。とはいえまだまだ問題が残存する状況にあり、さらなる金融所得の税率の（5〜10％程度の）引き上げが必要だ。

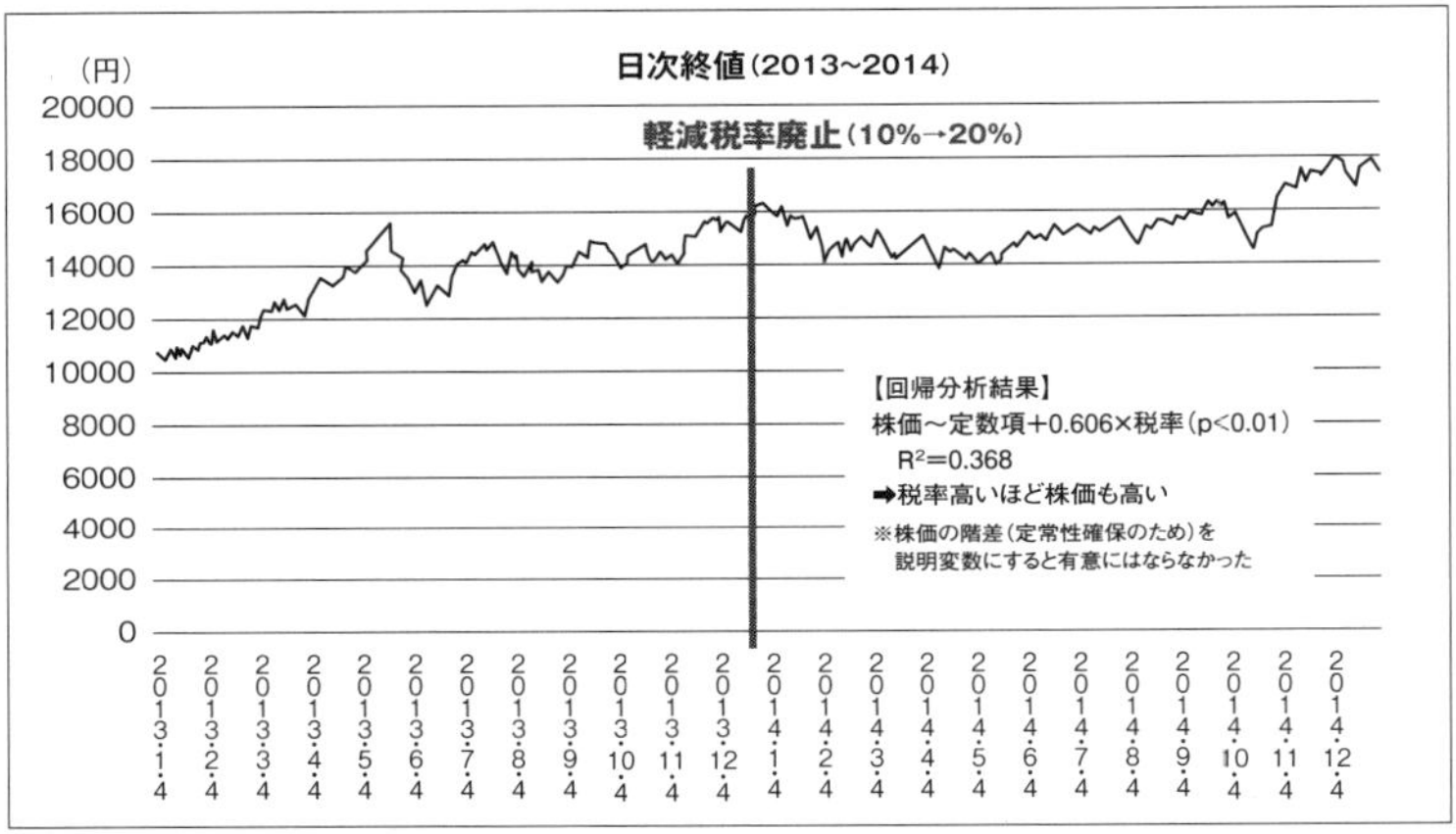

図３　金融所得税率が10％から20％に上げられた時の株価（日経平均）の推移。
＊　金融所得税率は本来20％であったが、10％の軽減税率が適用されていた。しかし、2014年からその軽減税率が廃止された。その前後で株価の統計分析を行ったところ、「税率が高いほど株価も高い」という統計的関係が得られたが、懸念されたその逆の関係、つまり、「税率を上げると株価が下がる」という関係は一切確認されなかった。なお、「20％→10％の軽減税率導入時」についても同様の分析を行ったが、結論は全く同じであった。

また、金融所得税率の引き上げは株価に悪影響を及ぼすのではないか、という懸念をしばしば耳にする。しかし、日本において実施された数度の税率改定時の株価の変動を統計的に確認したところ、影響は一切見られなかった（図３）。

一方、現在の経済政策において、株価の安定性の確保が大きな政策課題になっていることから、長期的な株式保有を促すために、株式の売買の利益や配当金の課税は、短期保有の場合は高く（例えば、40％）、長期の場合は低く（例えば20％）とするという方法も考えられる。

いずれにせよ、金融所得課税に

ついては、未だ十分な検討が進められておらず、上記のように様々な側面で検討の余地がある。税収確保という観点のみならず、格差の是正や株式市場の安定など、さまざまな行政目標を見据えながら税制の在り方を考える必要がある。

【環境税・混雑税】 地球温暖化対策の一環として、環境に負荷をかける行動に対しては「環境税」を付与する方法がある。あるいは、混雑している道路を利用しようとしているドライバーからは「混雑税」を徴収する方法がある。こうすることで、道路混雑を緩和することが期待できる。例えば、オリンピック等で大混雑が予期される期間、地域において混雑税（あるいは、ロードプライシングなどともいわれる）をかけることで、混雑を大幅に緩和することができる。現在、ロンドン、ストックホルム、オスロ、シンガポール等、世界中の様々な都市ですでに導入され、混雑緩和と財源確保という二つの面で大きな成果を挙げており、我が国においてもその導入が急がれるところである。

なお、この混雑税や環境税、ロードプライシングという制度は、課税の「罰金効果」、つまり、税をとることで行動を抑制しようとする効果を「逆利用」した制度だ。消費税の場合は、一律に日本の消費を抑制し、巨大な経済被害をもたらすことが問題だったわけだが、社会的に抑制することが望まれる行動に対しては、こういう格好で課税することで、その行動を抑制し、公益を増進させていくことが可能となるのである。徴税は「かしこく」行うことで、国民皆に利益がもたらされるのである。

【土地利用是正税】 東京一極集中を加速するような投資をしようとしている場合には、その投資に対して課税したり、あるいは、それが難しくても、「投資に対する優遇措置」を「とりやめ」たりすることは、東京一極集中の抑制を促すこととなろう（もちろん、財源確保とは別の視点となるが、分散化を促したい地方において「減税」をあわせて実施していくことでより効果的に分散化を促すことができよう）。あるいは、災害リスクが高い地域（例えば、土砂災害の警戒区域や、ハザードマップで洪水が危惧される地域、ならびに、巨大地震災害が危惧されているエリア）への投資についても、同様の投資課税（あるいは、優遇措置の取りやめ）が考えられる。またもちろん、そうしたエリアにおける**固定資産税**を上げる対策も考えられる。

【インフラ利用者負担金】 昨今、老朽化が激しいために声高にその必要性が叫ばれ始めた道路等のメンテナンス費用の財源として、例えば**ガソリン税を増税し、それを、メンテナンスのための特別の財源とする**方法が考えられる。実際、１９８０年代、老朽化のために複数の橋が崩壊し、社会的問題となったアメリカでは、その対策としてガソリン税を増税し、メンテナンスのための財源を確保するに至っている。これと同様のことが、我が国においても検討可能であろう。

あるいは、全国の新幹線や在来線の維持や投資のために、鉄道利用者から一律の利用料金を徴収していく方法も考えられる。もともと、「国鉄」時代には、全国の利用料金を一旦全て一つの財布に入れ、その財布を使って、全国の鉄道の維持管理、投資を行うという体制で鉄道ネットワークが維持されていた（一般に、プール制と言われる）。ところが、民営化後、複数のJR各社に分離されたため、このプール制ができなくなった。これこそJR北海道が昨今、経営難に陥った根本的原因である。かつては、東海道新幹線や山手線などのドル箱路線で稼いだカネで、全国の鉄道の維持管理が可能だったわけだ。こうしたかつてのプール制についても、21世紀もおおよそ20年が経過しつつある今、そろそろ議論し始めて良い頃合いだとも言えるだろう。

さらには、防災投資を行ったエリア（例えば、堤防やダムを作ったエリア）においては、その防災効果に見合った負担金を、例えば、固定資産税の恰好で徴収していく方法も考えられる。

「税と社会保障の一体改革」において、「社会保障費」はどの程度の水準であるべきか？

以上本章では、「国が破綻するから消費税だ！」という、多くの国民が今、素朴に信じている話が実は、完全なウソ話の「デマ」であることを解説した。そしてその上で、政府は次のような対応を図ることが今、「経済成長」の観点からも、「財政再建」の観点からも、強く求められていることを論じた。

1　速やかに消費税の増税の「凍結」を決定する。

2　凍結された増税で増えることが見込まれていた税収の代替財源のために、当面は、躊躇なく国債を発行する。

3　経済成長を目指し、それを通して、「税収を拡大」して、それを、「消費増税の代替財源」としていく（そうすることで早晩、増税するよりもさらに大きく成長し、むしろ「おつり」がかえってくる）。

4　同時に、様々な「税と国民負担」のあり方を見直し、「消費税」に代わる様々な税項目について議論を深め、経済活性化、適正な投資の促進、株式市場の安定化、適正な土地利用の促進等の「公益の増進」を促していく。

以上が今、政府が速やかに実施すべき内容であるが、消費増税に関わるもう一つの重要な論点として、「社会保障」のあり方を見直す、という議論がある。

この議論は今、政府において継続的に議論されているいわゆる、「税と社会保障の一体改革」と呼ばれるものである。社会保障費が近年うなぎ登りに拡大しており、これが政府の財政を圧迫している、したがって、社会保障のあり方を見直すことが必要だ、としばしば議論されているわけである。

筆者は、現在政府で行われている「税と社会保障の一体改革」の方針や内容について、必ずしも全面的に賛同するわけではないが、**社会保障費を青天井で拡大させ続けていいわけではないのは当然だ。**

ここで重要なのは、それならば、社会保障費の水準は一体、どの程度に抑制すべきなのか、という**「社会保障費についての合理的な財政規律」**の問題である。

筆者はこの点について、政府は可能な限り、医療や失業手当などの社会保障を充実していくのは当然必要だとしても、**その水準は国家の（潜在的な）財政調達能力に見合った水準で**なければならない、というものが大前提であると考える。

ここで重要な点を二点申し添えたい。

ここで主張している「財政規律」とは、社会保障費を「現実の財政調達規模」にあわせるべきだというものではなく、あくまでも、「潜在的な財政調達能力」にあわせるべきだというものである。それは、その政府が、本来的にはどの程度の財政調達の「能力」を持っているのかという議論である。例えばデフレ経済が続き、不況が継続している状況では当然、現実の税収は縮小する。こうした時に、「現実の財政調達規模」は、「本来政府が持っている潜在的な財政調達能力」を大きく下回る。それにもかかわらず、社会保障の水準を「現実の財政調達規模」にあわせてしまえば、社会保障を過剰に縮小してしまい、最悪、「救える命が救えなくなる」という状況が生じてしまう。

そうした「最悪のケース」を回避するため、ヨーロッパでは、財政の規律は、「現実の税収」を規準に考えるのではなく、「政府が持っている潜在的な税収調達能力の水準」を規準に考えて、社会保障の水準を決めている。つまりヨーロッパ各国では、「不況時には、社会保障費の財源調達のために、赤字国債を、正々堂々と、躊躇なく発行」しているのである。

とはいえ、経済が好調な場合は、「現実の税収規模」は「潜在的な税収調達能力」と一致する。したがって、経済が好調な場合は基本的に、社会保障費の財源を得るために赤字国債を定常的に発行し続けない、という方針が必要となる。

財政法の理念：「投資以外」のための赤字国債は原則禁止、ただし「投資」についての国債はＯＫ

なお、この「財源調達のために、国債発行してはならない」という「社会保障」における基本方針は、インフラ投資や科学技術投資、防災投資などの「投資」における基本方針と全く異なるという点には留意が必要である。

そもそも、道路や鉄道、堤防や「技術」等は、一旦、「投資」を行うことで「形成」されれば、それを何十年にもわたって、後生の国民が皆利用できるものである。したがって、「利用者が、その費用を負担する」という**「利用者負担」**の考え方に基づけば、そうした「投資」で形成されたモノを利用し続ける**「後世の人々」が、その投資金額を「負担」することが正当**だと言うことができる。

それはつまり**「住宅ローン」**と同じ発想である。

例えば30歳前後の若い頃に銀行からオカネを借りて家を建てる、そしてそのオカネを10年、20年といった時間をかけて、返していく――というのが住宅ローンだ。住宅ローンでオカネを返済し続けるサラリーマンは、その家を10年、20年とずっと使い続けながら、オカネを返済していくので、その返済は、心理的には「借家に対する家賃の支払い」のようなものと認識される。だから、その返済行為は（仕方ないものだと心理的かつ、道義的に）**「正当化」**される。

ところが、「遊びや博打（つまり消費）に使ったオカネを10年、20年といった時間をかけて返済していく」という場合、その返済は単なる「ツケ回し」と認識される。その10年、20年間、返済者は、「何のメリットも得られない」ままに、支払いだけ義務化されるわけである。だからこうした返済行為は、（仕方ないものだ、と心理的かつ道義的に）**正当化されず、それに**

対する不満は極大化する。

つまり、「消費」についての借金（国債）は、望ましいものではない一方、「投資」についての借金（国債）は、「利用者負担」の原則から言って、住宅ローン同様、「道義的に正当化」されるものなのである。

現在の日本政府はこうした考え方に基づいて、政府の財政のあり方を制約する「財政法」において、投資案件についての国債（建設国債）は「是認」されている一方、投資以外の社会保障等についての国債の発行は、原則的に「禁止」されている（ただし、国会の決議があれば、「赤字国債」「特例国債」という名称で、社会保障についてもその発行が認められるのだが、国会決議を逐一得る必要があるという点が、建設国債との本質的な相違だ）。

いずれにせよ、国債、国債といっしょくたに議論されることがしばしばであるが、投資のための「建設国債」と、投資を伴わない「赤字国債」とでは、法的意義が全く異なるのである。

「人間の尊厳」を尊重する社会保障
――終末期医療のあり方を考える

いずれにせよ、以上に述べた「財政法」の理念から言っても、「社会保障」は、基本的に、赤字国債を発行することなく、「税収」の範囲で（厳密に言うなら、「不況でなければ本来得られるであろう税収の水準」の範囲で）進めていくことが必要なのである。

こうした「原則」を踏まえれば、（現在デフレであり、それを脱却すれば税収がさらに入るであろうことを踏まえたとしても）今日の社会保障費の水準、すなわち、「医療水準」は、一定程度、抑制して行かざるを得ない可能性は存在し得るものと考えられる。

その背景には、少子高齢化に伴って毎年毎年1兆円規模、昨今では5000億円ずつ医療費が拡大し続けている、という傾向がある。

言うまでもなく、増税延期を皮切りとして、財政政策を中心とした経済対策を敢行し、税収を増やすことを通して社会保障費を拡充していくことが、何よりも大切だ。仮にGDPが3～4％程度拡大していく状況となれば、税収も少なく見積もっても2兆円程度ずつは拡大していくのであり、いとも容易く今日の社会保障費の増大を賄っていくことが可能となるからである。

とはいえ、今後さらに少子高齢化が加速し、デフレ脱却後に期待されるこうした自然増収でもまかない切れない状況が訪れることも危惧される。

実際、こうした問題がもちあがり、国民的議論を経て「医療水準の適正化」に成功した国家がある。

北欧の福祉国家、スウェーデンである。

実際、筆者はかつて、1998年から1999年にかけてスウェーデンに住んでいたことがあるのだが、その経験から言って、スウェーデンの福祉の充実は、目を見張るものがあった。その「福祉の充実」は、**医療介護における「過剰サービス」を徹底的に排除することではじめて実現できている**のが実態であった。

例えば、スウェーデンの病院は完全予約制であり、よほどの事がなければ、病院で診てくれるということがなかった。しばしば日本国内で言われるような「公民館でお茶のみ話をしに行くような感覚で病院に行く」というようなことはあり得ない状況だった。

妊婦ですら、医療機関が要請するのは**「自己管理」**。病院に頻繁に通うということはあり得なかった。ちなみに我が家では、スウェーデン滞在中に出産を経験したが、担当のお医者さんには、2〜3ヵ月に1回くらいしか診てもらえなかった。後は文字通り、自己管理をするように、という指導が基本だったのであった。

「介護」においても、そういう姿勢が貫かれている。

そもそも、スウェーデンは寝たきり老人がほとんどいない、**「寝たきりゼロ社会」**。

それが実現出来ている理由は以下の二つだ。

第一に、寝たきりにならないように、徹底的に「訓練」をするように指導している。要するに、（施設ではなく自宅での介護を基本とした）**「自助」を重視する**わけである。

そして第二に、寝たきりになるような手術（例えば、新しい人工的な口を胃に直接つける『胃ろう』手術）が徹底的に忌避されている。そういう「単なる延命のための手術」は、「虐待」と見なされるとのこと。結果、**多くの人々が「寝たきり」になる前に、自然なかたちで死期を迎える**のである。

確かに、筆者も非常に近しい者がなくなった時――今から20年以上前――かなりの延命治療が病院で施されたのだが、その当の本人が本当に辛い時間を過ごしていた様子が、今でも脳裏に焼き付いている――。たくさんの管でつながれ、苦しみで埋め尽くされた終末期の生において、人間にとって何よりも大切な「人間の尊厳」は守られているのか――それに思いを致せば、スウェーデンの方々が、それを「**虐待**」と見なすという感覚は、少なくとも当方としては個人的にとても納得のいく話のように思える――。

このように、スウェーデンで「寝たきり老人がいない」という日本からいえば夢のような状況が実現できているのは、徹底的に「過剰サービス」を排除しているからであり、かつ、国民が皆、**『医療における「過剰な公助」の回避と「自助の重視」という方針』**を当たり前のこととして受け入れているからなのである。

逆に言うなら、「充実した医療」を徹底するには、国民側が「過剰サービス」を要求しないことが必要なのである。そうでなければ、150万人から200万人の寝たきり老人を抱えた今の日本のように、需給バランスが完全にくずれ、**かえって介護水準が低下してしまう**こととなろう。

実際、スウェーデンのある介護士の次のような言葉が、『スウェーデンにはなぜ寝たきり老人がいないのか』（現代ビジネス）という記事上で紹介されていた。[*17]

「スウェーデンでも'80年代までは無理な延命治療が行われていましたが、徐々に死に方に対する国民の意識が変わってきたのです。長期間の延命治療は本人、家族、社会にとってムダな負担を強いるだけだと気付いたのです。日本のような先進国で、いまだに無理な延命が行われているとは正直、驚きました」

確かに今、日本の介護現場は「極限状況」をはるかに超えた、すさまじい状況に到達している、ということがしばしば報告されている。[*18]

そうである以上、今やもう我々もまた「過剰サービスの回避」というスウェーデンの姿勢に学ぶべき時に至っているに違いない。

そもそもこれから超高齢化社会が訪れようとしている中で、例えば安倍内閣が掲げた「介護離職者ゼロ」の目標の実現を目指すのなら、「過剰サービスの回避」以外に現実的な道は残されていないように思える。

そしてそのためにはもちろん、何が「過剰」なのかについての国民的コンセンサスが不可欠である。

だからこそ私たちは今、誰もが迎える終末期における「人間の尊厳」とは一体何かを考えねばならない。そしてそれと同時に、私たちの国では今、身近な者の死を「当たり前」の事柄の一つとして受け止める力が、何よりも求められているのだと思う。

そして、こうした「人間の尊厳」の議論に基づいた、真の幸福に資する「終末期医療」のあり方を、徹底的に議論していくことが今、求められているのである。

社会保障を活用する「マナー」の問題
——「過剰」診療の見直しを

このように、スウェーデンをヒントとして我々が今考えるべきものの一つは、「終末期医療」のあり方であるが、それ以外にも、「過剰診療」のあり方を考えることも重要である。

先にも述べたスウェーデン医療の特徴は、病院に行く頻度が、日本よりも圧倒的に低い、という点にある。

言うまでもなく、病院に行く頻度が低ければ低い程良い、ということはあり得ない。適正な医療のためには、適正な通院頻度が必要だ。

＊17 『スウェーデンにはなぜ「寝たきり老人」がいないのか』現代ビジネス、2015.9.17. より。
＊18 例えば、http://gendai.ismedia.jp/articles/-/50297 を参照されたい。

しかし、スウェーデンのような「高福祉国家」において、病院に行く頻度がこれだけ低いというのは、筆者にとって衝撃的であった。特に、それだけ頻度が低くても、全く不都合を感じなかったという点が、さらに筆者にとっては衝撃的であった（万一の場合にはもちろん、迅速に対応してもらえたが、言うまでもなく、「万一の場合」がそう頻繁に生ずるものではない）。

例えば、次のような経験が、かつてなかったかどうか、思い起こして欲しい。

病院や歯医者で、おそらくは「1回」で済むであろう処置を、1回で終わらせず、少し処置して「また来週」、また少し処置して「また来週」という風に言われた——という経験だ。もちろん、患者にとって見れば、何が適切な処置なのか分からないから、医者に言われるがまま、何の疑問も抱かずに毎週通院することになるだろうが、よくよく考えれば、その3、4回の治療や処置は、実は、来なくても良かったという可能性があったのではないだろうか。（どこの病院の何の治療だったのかの明言は避けるが）**筆者には、明確にそういう経験がある。**

なぜそれが分かったかと言えば、病院を変えた時である。引っ越しに伴って新しい病院に行ったとき、驚くべき事に同じ事をお願いしても、1回で終わってしまったのである。

この話を医療行政の専門の方との議論の時申し上げると、その専門家曰く、

「それこそ、まさに、過剰サービスの典型ですよ。歯医者なんかではホントに多いですよ。たくさん患者に来てもらった方が、医者が儲かるから、そういうことをやるんですよ」

とのこと。この指摘が本当であったとすれば、それは由々しき事態だ。

1回の処置で済むところ、3回も4回も通院させられたら、医者の手元に入る収入は確かに3倍、4倍になる。その時、患者の支払いも3倍、4倍となってしまうが、それよりも多くのカネを負担しているのは「国民全員」だ。そもそも一般に、医療費というのは、患者が3割負担するが、残りの7割は、国民の税金で賄われているからだ。

これでは、そういった医者は、**患者が医療については無知であるということにつけ込んで、患者と国民全員から、本来の医療費の3倍、4倍のカネをだまし取っているようなものだ。**

ただし、別のケースではこれとは逆に、医者側が「別に来なくても良い」と思っているにもかかわらず、「患者側が何度も何度も訪れてしまう」、という現象も生じている。「タクシー代わりに救急車を使う」ようなケースすらあるとも象徴的に言われることもある。

これは患者が、自らの自己負担金が安いのを良いことに、**あまり何も考えずに国民の税金を「無駄遣い」していると言わざるを得ないだろう。**

繰り返すが、スウェーデンでは、こうした「患者側の理由」による「過剰診療」も「医者側の理由」による「過剰診療」も双方、抑制されている。これは、医療現場を巡る「空気」「風潮」が日本とスウェーデンで大きく異なるという点に原因を求めることができるであろう。

日本では、「病院に行くこと」についての、患者、医者双方の心的抵抗が著しく低いのが実態なのだ。

もちろん、病院に行くことについての心的抵抗が強すぎるのは問題だ。

日本では誰もが気軽に病院に行くことができる制度、いわゆる「フリーアクセス」を重視する医療行政を展開してきた。これがいわゆる「国民皆保険」の中心的な制度と言える。これが日本国民の医療水準を一定以上に保っており、長寿社会を実現しているのであり、フリーアクセスの理念それ自身は可能な限り保持し続けることが望ましいと言えよう。

しかし、**「病院に行くことについての心的抵抗が余りにも低すぎる」**のは問題だ。

そもそも通院する度に、その医療費用は国民の税金を「使わせていただいている」からだ。喫茶店に行くような心持ちや、タクシーを使うような心持ちで病院に行ったり、救急車に乗って良いはずはない。患者側も医者側も、その一回の通院、一回の処置には、国民の血税がかかっているのだというある種の緊張感を伴った事実認識が不可欠だ。つまり、いくら「フリー」だとは言っても、「抵抗感ゼロ」ではいけないのだ。

——ただし、少なくとも筆者が知る限り、「過剰な医療サービス」がどの程度の頻度で生じており、結果的にどの程度、社会保障費をトータルとして膨張させてしまっているのかについては、定量的に必ずしも明らかにされていない。さらには、一体何が「過剰」なのかについての検討も必ずしも明瞭ではない。

ついては、スウェーデンをヒントにした、我が国における「過剰医療サービス問題」の解消に向けて、こうした実態把握を含めた基礎的研究を、速やかに始める必要があろう（筆者はまさに今、京都大学にて、この点についての実践的な社会心理学研究を始めることを考えている）。

そしてこうした議論は、消費増税をするにせよしないにせよ、デフレが脱却出来るにせよ出来ないにせよ、いずれにしてもしっかりと進めていかなければならない種類のものだ。少なくとも患者も医者も、「医療行為に血税が使われている」「国民の皆さんのおかげで、この程度の負担でこの医療が受けられているのだ」という事実をしっかりと認識すべきであることは、「税金を使わせていただく」上での最低限のマナーの問題だからだ。

第5章

デフレの今、「積極財政」こそが「税収」を増やす

「デフレ脱却」こそが財政再建を導く

以上、本書では増税凍結が「経済成長」のみならず「財政再建」のためにこそ必須であることを実証的に指摘した上で、実務的、実際的に増税凍結をするにはどうすれば良いのかを論じた。すなわち、増税を凍結した場合に、政府の予算編成やその代替財源を如何に考えるのか、そして、中長期的な視点から「税と社会保障のあり方」をどのように考えるべきなのかを論じた。

しかし、**消費増税の「凍結」だけでは、真の「経済成長」や「財政再建」を果たすことは出来ない。**

なぜなら、単に増税を「凍結」するだけでは、これ以上の経済の「悪化」が食い止められるに過ぎないからだ。しかし、我が国は未だ、（消費増税によって）1998年から突入した「デフレ」状況下にある。そして、「デフレ脱却」が果たされて初めて、毎年毎年経済が成長し続ける状況となり、税収も年々拡大し、その必然的帰結として、自ずと「財政再建」が果たされる。

そもそも、消費増税によって導かれた「デフレ」が財政を悪化させた張本人なのであるから、**デフレ「脱却」こそが、財政再建のために絶対必要な第一条件なのである。**

既に第2章でも掲載したグラフだが、「消費増税による経済のデフレ化」こそが財政悪化

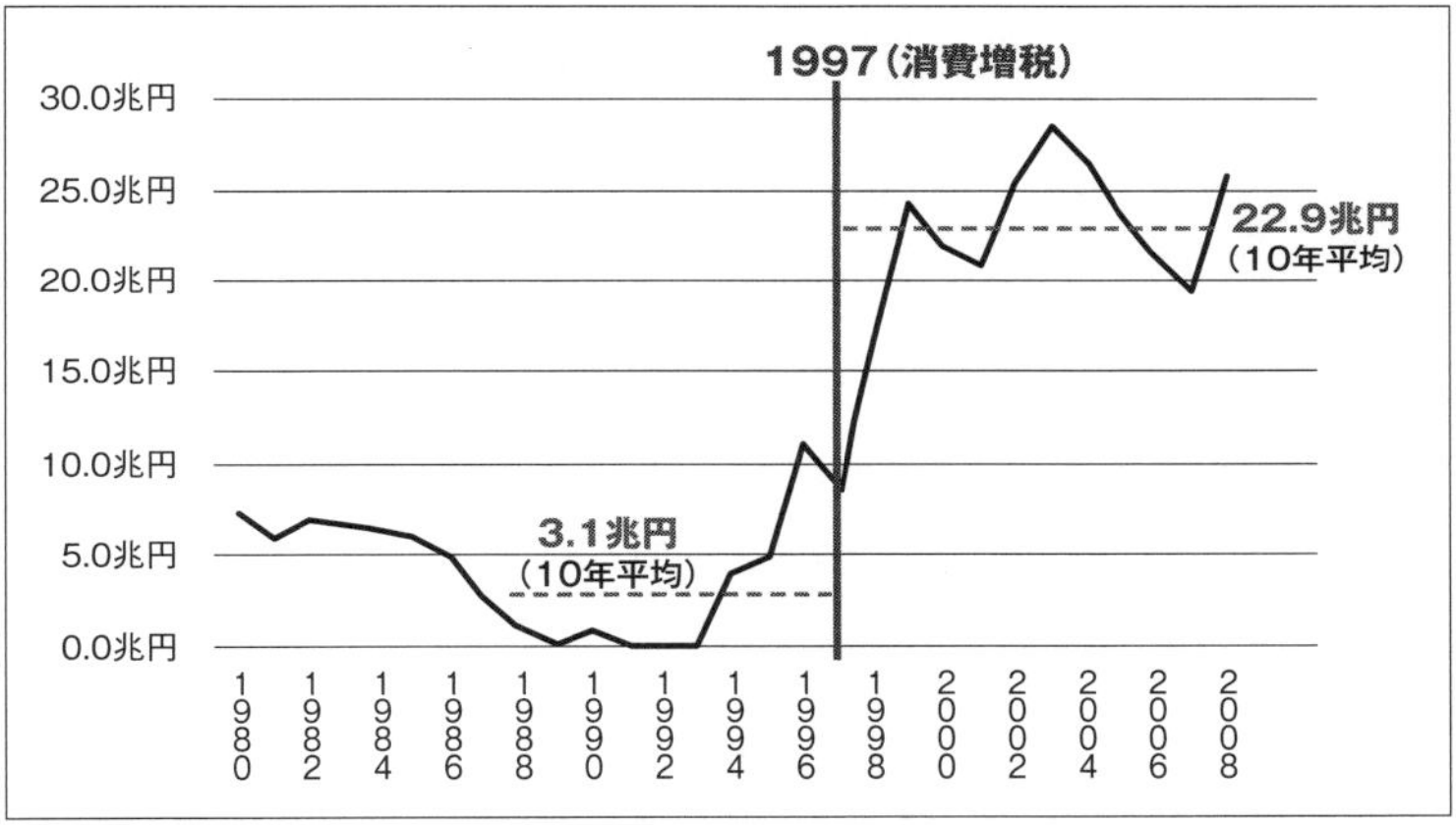

図1 「赤字国債発行額」の推移
＊ 1997年は、消費増税の年次である。

の本質的原因であることを明らかに示すものであることから、改めてここにも掲載しておくこととしよう（図1を参照されたい）。

ご覧のように、1997年の消費増税によって経済は「デフレ化」したのだが、その直後から、国債発行額が一気に拡大している。このようにデフレ化すると財政が悪化するのは、GDPの縮小が本質的原因であるが、それ以外にも下記のような様々な別の重大な理由がある。

第一に、法人税は、「利益」に対してかけられるものだが、デフレ下では多くの企業が利益を失い、結果、法人税を支払う企業が激減する。事実、デフレ下では、「黒字」の企業が限られており、全体のおおよそ3割程度しかない。つまり、**法人税を支払っている企業は、全体の3割程度**しかいないわけだ。ところがデフレでなければ、法人税を支払う企業は5割を超える。つまり、**デフレ化すれば法人税を支払う法人数は半分程度にまで大きく縮減する。**これが、デフレ化すると大幅に税収を下落させる大きな理由だ。

第二に、所得税は、所得が高い世帯ほど税率が高い。したがって、**デフレになって各世帯の所得が減れば、所得の水準のみならず「所得税率」それ自身が低下する。**その結果、所得税は、水準と税率という「ダブルの効果」で低下していくことになる。

第三に、デフレになって失業者が増え、貧困世帯が増えれば、失業手当や生活保護等の社会保障についての政府支出が拡大する。これもまた、財政を悪化させる重大な原因となる。

このように、デフレになればただ単に経済規模が小さくなって税収が減るだけでなく、税率そのものも低下し、しかも、社会保障の支出も拡大し、それらの総合的帰結として、加速度的に財政が悪化し、図1に示したように「赤字国債」を20兆円規模で拡大せざるを得ない羽目に陥ったわけだ。

ところで以上の第一、第二の点を踏まえると、デフレ化すれば「GDPに対する広義の税率」、つまり、「GDPに対する総税収の割合」が下落することが予想される。

この点を確認すべく、当該の割合の推移を確認したところ、図2に示したように、GDPに対する税収の比率は、1997年増税によるデフレ化「前」の時点では約11%もあったものが、消費増税によるデフレ化「後」の時点では約9%にまで下落していることが改めて確

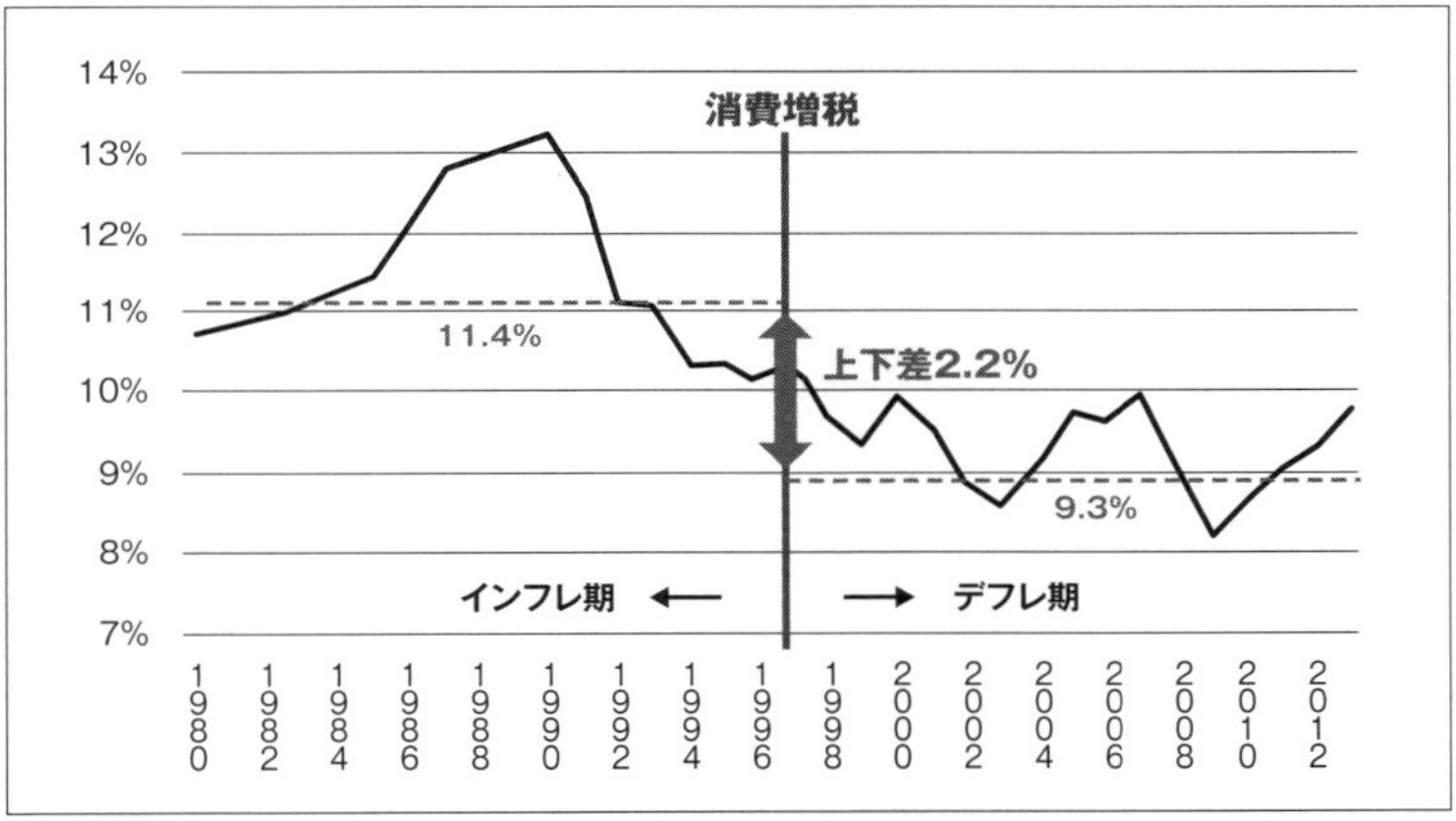

図2　総税収の対GDP比（税収についての国民負担率）の推移

認された。つまり、上記の予想通り、デフレ化のせいで、というよりもむしろ「消費増税」のせいで、**GDPに対する税収の比率が実に2・2%も下落したのである！**　これは金額にして実に約11兆円。つまり消費増税によるデフレ化のせいで、**トータルの税率が下がり、その結果としてトータルの税収が11兆円も失われたのである。**

以上の議論を逆からみれば、これはそのまま、「デフレ脱却」が財政に対してどれだけ効果的であるかを「証明」する議論だと言えよう。

すなわち、「デフレが脱却」できれば税収についての国民負担率が2%程度上昇し、それを通して（仮にGDPに変化がなくとも）税収は10兆円規模で拡大し、かつ、社会保障費の出費も縮減できる。こうして、**デフレ脱却さえ果たせれば、財政は大幅に改善するのである。**

デフレ脱却は、財政再建のために「必要不可欠」である

以上は、デフレ脱却が、財政再建のために「効果的」である事を示しているが、実はデフレ脱却はそれ以上の重大な意味を持っている。実は、資金の流れを考えれば、デフレ脱却は効果的なだけでなく「必要不可欠」であることが見えてくる。なぜならデフレになれば政府の赤字が拡大するのは「必然」であると同時に、デフレを脱却すれば政府の赤字が縮小していくのもまた「必然」だからである。

図3をご覧いただきたい。これは、(各時点における)政府の負債と民間の負債の推移を示したものだ。

ここで民間とは、民間の企業を意味しており、政府とは、中央と地方政府をあわせたものを意味している。そして、「負債」とは、「(その時点における)支出から収入を差し引いたもの」だ。

ご覧のように、政府の負債と民間の負債は完全に「正反対」に動いていることが分かる。つまり、民間の負債が拡大すれば政府の負債が縮小し、民間の負債が縮小すれば政府の負債が拡大する。これは、「カネの循環」の理屈から考えれば至って当然のことだ。そもそもマーケットにおいて政府と民間は主要なプレイヤーだ。そのプレイヤーの一方がカネを払

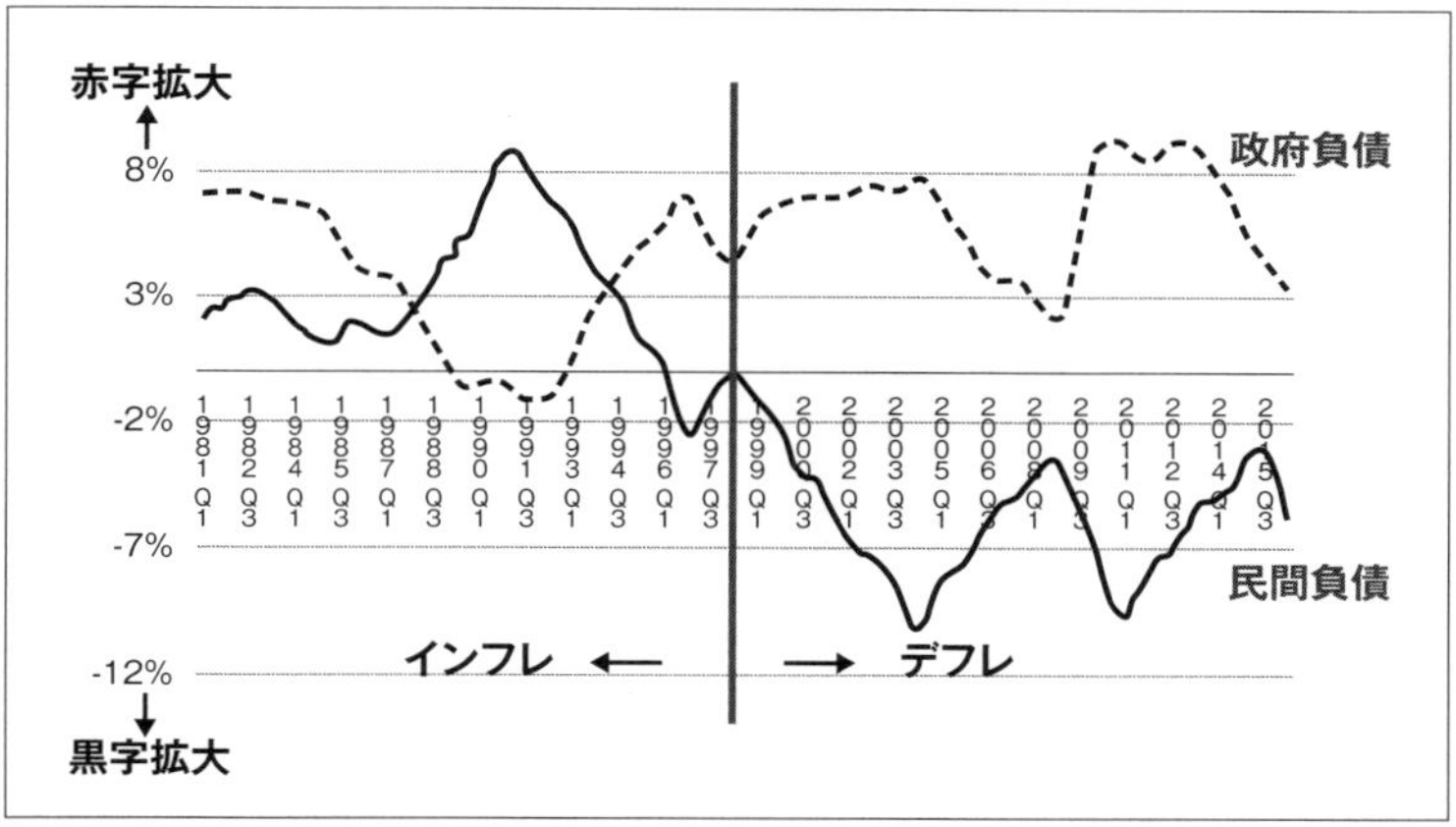

図３　民間と政府の「負債」の推移（対 GDP 比）

えば、そのカネは必然的にもう一方の懐に入る。だから、民間が大量にカネを使って「赤字」になれば、その大量のカネは政府に（税収として）流入して政府は「黒字」となる。逆に、民間が儲かったカネを一向に使わず、内部留保として貯め込み続けて「黒字」になれば、今度は政府が「赤字」となるわけだ。つまり、「カネは天下の回りもの」である以上、**誰かの黒字は必ず誰かの赤字**なのである。

具体的に見てみよう。

１９９７年以前の「インフレ期」は、民間の負債がプラス（つまり「赤字」）で推移していた。これは**民間企業が積極的にカネを使って**いたことを意味している。そんなインフレの時代には、各企業は儲かったカネを全て使っていくのみならず、銀行等からカネを積極的に借りてまで、儲けたカネ以上に出費を拡大していく。そうなると、その大量の金は必然的に政府に（税収という形で）流入し、政府は黒字化（つまり、赤字が縮小）していった。

事実、図2に示したように、政府が文字通りの「黒字」だったのは、景気が最も良かったバブル時代の1990年前後であった。この頃、民間は全体でGDPの9％前後の「赤字」を拡大するスピードでカネを使っていた。これは年間で40〜50兆円規模という猛烈なスピードだ。つまりバブルの時代、民間はそれだけの莫大な借金をしてまで、カネを使いまくっていたわけだ。その結果、バブル時代には（税収という形で）政府に大量のマネーが流入し、財政の赤字が急激に縮小していったのである。そして1990年前後には「黒字」で推移していたわけだ。

言うまでもなく、この急激な「赤字の縮小」は、税率の上昇（つまり増税）でもたらされたのではなく、ただ単に経済成長によってもたらされたわけだ。この一点を見るだけでも、如何に税収増、財政再建にとって経済成長が重要であるかを直感的にご理解頂くことができよう。

一方で、経済がデフレになれば、民間の負債は急激に縮小し「マイナス」の領域に突入していく。これは、デフレの時代にはマーケットの中に「ビジネスチャンス」が希薄であるため、誰もオカネを使わなくなるからだ。結果、銀行からオカネを借りてまで使おうとする人はほとんど居なくなる。むしろ儲けたカネですら、全て使うことなく、その多くを（内部留保という形で）貯蓄していく。こうして、デフレ期には民間は必然的に「負債を縮小」（すなわち、貯金を拡大）していくことになる。

つまり、デフレ期には民間は必然的に「黒字」をどんどん拡大し、その必然的帰結として、政府の「赤字」はどんどん拡大していくのだ。

実際、図2に示したように、1997年の増税によるデフレ化以降、「民間の負債」は急激に縮小していき、「マイナス10%前後」にまで凋落していった。つまりこれは、バブル時代とは打って変わって、そのたった十数年後の2000年代前半には、民間はトータルで年間50兆円規模でカネを「貯め込む」存在になったわけである。バブル時代には、ちょうど50兆円規模でカネを「借りまくる」存在であったことを考えると、デフレ化のせいで、つまり消費増税のせいで、民間企業はトータルで差し引き年間で100兆円もカネを使わなくなったのである。

こうして民間負債が急激に冷え込んでいくのと裏腹に、政府の負債は激しく拡大していった。そして、年間8%程度（つまり、年間40兆円前後）もの水準で、負債＝借金を拡大する存在となったわけである。

以上の議論を踏まえれば、政府の負債の拡大の原因は、ひとえに「デフレ」なのだと結論付けることができる。

だから、政府の負債を縮小するためには、「デフレ脱却」が絶対条件なのである。これこそ、デフレ脱却が財政再建（政府の負債縮小）にとって必要な本質的な理由なのである。[*19]

問題はもはや経済学ではない。それは既に集団心理学、精神病理学の問題である

「財政再建のためには、デフレ脱却が必要不可欠である」――これが以上の議論の結論であり、かつ、消費増税派が理解していない経済・財政の真実なのである。だから、財政再建のために消費税率が何％であろうが何も関係ないのである。消費税を上げようが下げようが、兎に角デフレであれば財政は悪化するし、デフレが脱却できるなら財政は改善するのだ。そしてデフレ下の消費増税は、確実にデフレ脱却を妨げ、デフレを悪化させ、必然的に財政を悪化させるのだ。この「真実」が理解できない限り、日本政府の財政が改善することなどあり得ないのである。そして実際に多くの国民のみならず、大多数の経済の専門家と政治家、官僚達がそれを認識していないが故に、我が国の財政は悪化し続けているのである。

つまり、我が国政府の財政悪化の根本的原因は、政府関係者が無知で愚かであることなのである。

彼らは、消費増税がデフレを導くことも、デフレが財政悪化を導くことも、だからこそ、デフレ脱却こそが財政改善の唯一無二の対策であることも、何も理解できないのである。

ただ、目の前の税収が少ないことにあたふたし、てっとり早くカネを作り出すために消費税の税率を、必死になって上げよう上げようとしている。そして、筆者らをはじめとする一部の論者が「消費税を上げれば、さらに財政が悪化しますよ」とどれだけ忠告しても、「こいつらは財政を悪化させようとするワルイ奴だ！　抵抗勢力だ！」と批難し、「俺はニッポンのためにこんなにも頑張っている立派な奴なんだ、なのにあいつらは俺の邪魔をするなんて許せん！」と、正義感を振り回し、「純粋真っ直ぐ」な目で鼻息荒く叫び続けている手の付けられない人達なのである。

——もちろん、こういう描写をしたところで、彼らは自分たちがそんな愚かな状況にあることなど理解する能力を持たないのだろう。そして彼らの心理や精神がそんな状況にあることこそが、日本の財政を悪化させているのである。

だから今の日本の経済財政の問題の本質はもはや、経済学の問題ではない。既に集団心理学、ひいては、精神病理学の領域の問題なのである。

＊19　だから、先の節で紹介した「デフレによって税収が減る」「デフレによって国民負担率が下落する」という現象は、デフレ下で必然的に進行する「政府負債の拡大」という現象を、税収や国民負担率の視点から「測定」した帰結に過ぎない、ということも出来るのである。

日本経済・財政の再生作戦1：格差是正・税制改革（消費減税・法人増税・所得税累進性強化パッケージ）

確かに今の日本には、専門家や政治家達の「精神病理」の問題があり、それこそが、日本が成長出来ず財政が悪化している根源的問題なのだが——一旦この論点をおくとして、本書では改めて、経済学・経済政策の視点から、日本経済を再生し、財政を改善するために必要な「真のデフレ脱却」のために一体何が求められているのかを考えてみたいと思う。

その第一の作戦は言うまでもなく、消費税について「増税凍結」を行うだけでなく、「減税」することだ。そもそも日本がデフレに突入してしまったのは、1997年の消費増税が原因だったのだから、デフレ脱却を果たすために第一に目指すべき対策は当然、「消費減税」だという次第だ。

消費減税がデフレ脱却を導くプロセスはちょうど、本書で繰り返し論じてきた議論の「逆」を考えれば自ずと見えてくる。

消費税は消費に対する「罰金」である以上、その罰金が減ぜられれば（あるいは、なくなれば）、当然、消費が活性化する。そして日本経済の6割を占める消費が拡大すれば、自ずと日本経済が成長していく。何と言っても消費は日本経済の「メイン・エンジン」なのだから、そのメイン・エンジンが再始動すれば、日本経済は当然、大きく成長することとなるわけだ。

ただし、消費税を減ずる、あるいは、「なくす」とするなら、その代替の議論が必要となる可能性がある（もちろん、自然増収が十分に高ければそれすら不要であるが）。社会保障はもちろん、「税収」で賄うことが前提だからである。

その時、いの一番に必要な「増税」項目は、法人税だ。

もともと法人税は、あまり世論で話題にはされていないが、安倍内閣が始まった頃は30％だったのだが、安倍内閣が始まって3年目には何と約24％にまで6％以上もの大幅「減税」がなされている。というかそれ以前に、消費税が導入される前の１９８０年代の法人税は、**40％以上もの水準にあったわけだから、消費税が導入されてから実に15％以上も減税されてきている**のである。

つまり、**「消費税で増えた税収は、法人税で減ってしまった税収の穴埋めに使われた」**のである。

だから消費税を減税するなら、その代替財源の筆頭にあげられるべき税項目は法人税だということは、当然の話だ。

同時に、消費税が拡大していく中で縮小していったもう一つの税金は「所得税」だ。だから所得税もまた、消費減税の代替財源と位置づけるべきものだ。その際もちろん、所得税率を一律に増やしていくというよりはむしろ、高額所得者の税率をさらに充実させていく方向が望ましいだろう。そもそも所得税が縮小していった主たる理由は「所得税の累進制の緩和」だったからだ。分かり易く言い換えるなら、高額所得者を対象とした減税が、過去数十年の間、繰り返し続けられてきたわけだ。

例えばかつては4000万円以上の高額所得者の税率は実に83％もあったのだが（1987年当時）、今は50％にまで「大幅減税」されている。だから過去の「税制改革」なるものの実態は、一面においては**「消費税で増えた税収が、オカネ持ち達の減税の穴埋めにも使われた」**という構図にあったわけだ。

ここで、①消費税は、所得の水準にかかわらず全ての消費に対して一律にかけられるものである、②法人税は主として今儲かっている大企業がメインに支払っている、③所得税は高額所得者が高い税率で支払っている、という三点を踏まえれば、「法人税・所得税→消費税」へと転換されてきたという事実は要するに、

「これまで、金持ちと大企業が払ってきた多くの税収を減らして、その減らした分を、普通の庶民が代わりに払っている」

さらに別の（少々意地悪な）言い方をするなら、

「庶民のカネが、金持ちと大企業に奪い取られるようになった」

ということを意味している。

だから過去20年、30年の間の税制改革は、格差を拡大するものだったわけだ。

そして、世の中には金持ちはごく一部であり、大多数が貧乏人なわけで、その少数派の金持ちをどれだけ優遇しても、大多数の貧乏人がイジメられれば、国民全体はトータルとして「貧乏」になるのであり、その帰結として経済が低迷し、デフレ化したわけである。だから、デフレを脱却するための王道は、金持ちに取られるようになったカネを庶民に戻すという「格差是正」を果たす税制を実現することなのである。

だから本書における筆者の主張は、分かりやすさを重視して消費税の「凍結」や「減税」を主として主張しているものではあるが、より正確に述べるなら、「消費減税と法人増税、所得税の累進性の強化」をパッケージで進める「格差を是正する税制改革」を断行すべし、というものなのである。この主張は要するに、行きすぎた（しばしば、税の直間比率の是正と言われる）直接税（所得税・法人税）から間接税（消費税）への転換を、幾分、揺り戻す方向に改革を進めるべきだというものである。

こうした筆者が主張する税制改革が断行されるのなら、これまで抑圧されてきた消費が回復し、デフレ脱却が果たされ、それを通して経済と財政が健全化すると同時に、所得格差が是正されることとなる。

なお、こうした税制改革を進めるには、法人税や所得税についての様々な議論が求められることとなるが、「2019年の秋」までに、そうした議論が完了するとも限らない。ついては、当面は、増税凍結、減税の代替財源は、（特例）国債の発行で賄うことが得策となろう。

いずれにせよ、日本国政府には、経済、財政の再生と格差是正を全て同時にもたらす「消費税の抑制と、法人税・所得税の拡充」を果たす抜本的税制改革をじっくりと、かつ、可及的速やかに進めて頂きたい。

日本経済・財政の再生作戦2：増税凍結+内需拡大のための財政政策

なお、以上に述べた、再生作戦1「格差是正・税制改革」を進めるべしという筆者の主張は、瞬く間に大多数の経済や財政の「専門家達」から、次のような反論を浴びせかけられることとなろう。

「藤井が重視せよという所得税・法人税は不況に弱い上に、不安定なのだ、しかし、藤井が減税せよという消費税は不況でも安定的に得られる財源なのだ。そしてそもそも、日本の不況はいつ終わるか分からない。だから、不況の今は、消費増税と所得税・法人税減税を進めることは日本の財政を守るタメには致し方ないのだ」

しかし、この主張は根本的に間違っている。

第一に、「不況はいつ終わるか分からない」というが、不況は（後に述べる財政政策を徹底推進することで）確実に終わらせることができる。

第二に、消費税の増税こそが、不況を導く根源的原因なのである。それを理解せずに、消費税増税を進めるから余計に、経済が低迷し、所得税や法人税は縮小してしまっているのだ。そして、それを目にしたこういう論者はさらに激しい消費税増税を繰り返し、その結果として、日本の経済と財政は「地獄の底」へとズブズブと沈み込んでいくことになるのだ。

主流派の「専門家」達は、消費税を上げようが下げようが、政府が何をしようが、消費なんて変わるはずない、と信じ込んでいるから、消費増税と所得税・法人税減税を主張することになっている。

しかし当たり前だが消費は消費税で縮小するし、誰かが大量にカネを使えば当然拡大する。

この後者の「誰かが大量にカネを使う」という対策は、一般に「**内需拡大策**」と呼ばれる。日本の国の内部の需要、つまり内需を拡大させる対策だからだ。

ただし、「民間主体」の支出を政府が「拡大させる」ことは難しい。従って、民間主導の内需拡大策は、政策として困難である。

一方で、「政府」の支出を、政府の判断で「拡大させる」ことは当然、至って容易だ。

だから、一般に**「内需拡大策」**と言えば政府支出の拡大、すなわち**「財政政策」**を意味する。

そして今、日本は1997年の消費増税以後、デフレに陥ってしまっており、「内需が不足」する状況下にある。

だからあらゆる商売で客足が遠のき、売り上げが低迷してしまっている。その結果、労働者の賃金も低迷し、それがさらなる消費の縮小をもたらしている。第2章で詳しく論じた**「デフレ・スパイラル」**（賃金・投資の縮小→需要の縮小&物価の低迷→企業の売り上げ低迷→賃金・投資の縮小→需要の縮小&物価の低迷……という悪循環）が生じているわけだ。

今、消費税を10%に上げる以前の状況で、このデフレ・スパイラルが生じているわけだから、消費税増税が断行されれば、このデフレ・スパイラルが加速することは確実だ。だから、消費増税の凍結が今、強く求められているわけだが、消費増税を凍結したからといって、今既に存在しているデフレ・スパイラルが止まるわけはない。ただ単に、さらなる悪化を防ぐだけの意味しかない。

しかも、今2014年消費増税によって、デフレ・スパイラルが、増税前の状況に比して加速している。今、消費増税直後から15兆円の「輸出の増加」（つまり、外需の増加）があるが故に、その「被害」があからさまに露呈することが食い止められているものの、それでもなお、消費も賃金も低迷しているのが現実だ。

だから、このデフレ・スパイラルを食い止めるためには、「減税」を行うか、「内需拡大のための財政政策」が必要不可欠なのである。

そもそも今、政府（および日本銀行）は、「物価上昇率2％」と「名目成長率3％、実質成長率2％」という数値目標を掲げている。これが、継続的に2、3年続くのなら、デフレは完全に脱却したと判断することができるだろう。

ところが、今の物価上昇率は（デフレータと呼ばれる尺度ベースで）、直近の公表データで、「マイナス」0・2％（2016年時点）となっている。そして、名目成長率、実質成長率はそれぞれ、1％、1・2％である。

つまり、物価から言っても成長率の視点から言っても、我が国はデフレ真っ最中であることが明確に示されており、一向にデフレ脱却が果たされていないことがハッキリと分かる。

ただし、こうした数値は、政府の財政政策による内需拡大によって確実に上昇する。例えば、名目成長率は、政府支出が10兆円拡大すれば、それだけで確実に最低でも「2％」程度、15兆円拡大すれば、それだけで確実に最低でも「3％」程度が上昇することとなる。

だから、名目成長率3％、実質成長率2％、物価上昇率2％を実現し、デフレ完全脱却を果たすためには、**単年度で10～15兆円程度の財政政策**を実行することが必要なのである。

ただし、こうした財政政策は、半永久的に続けていく必要は全くない。

2年間から3年間、そうした大規模な財政政策を（例えば、補正予算などの形で）実行すれば、デフレ・スパイラルが終了し、それとは正反対の「インフレ・スパイラル」が始まることとなろう。それは、

財政政策による内需拡大
↓企業の売り上げ増進
↓賃金・投資の拡大
↓需要（内需）の拡大&物価の上昇
↓企業の売り上げ増進
↓賃金・投資の拡大
↓需要（内需）の拡大&物価の上昇
↓……

という「好循環」である。こうしたインフレ・スパイラルが一旦動き出せば、まるでバイクのエンジンやプロペラ機のプロペラエンジンを「初動」させて一旦動き出せば、後は勝手に動き続けていくように、（諸外国と同様に）わが国日本も普通に成長していくのである。

実際、こうした大型財政政策で、デフレ脱却を果たした事例は過去においていくらでもあ

る。１９２９年の大恐慌からアメリカが立ち直ったのは、ニューディール政策と呼ばれる超大型財政政策だったし、２００８年のリーマンショックから同じくアメリカや中国が立ち直ったのも、それぞれ90兆円規模、60兆円規模の超大型財政政策だった。我が国が、２０１４年に消費増税する直前の２０１３年、実質成長率２・６％という、政府目標に近い成長率をたたき出すことが出来たのも、アベノミクスにおいて10兆円規模の大型財政政策を行ったが故であった。つまり、**過去の実績において大型財政政策は確かに、経済成長を導き、十分な水準でそれが行われれば、デフレを脱却させる力を発揮し続けてきたのである。**

もちろん、主流派の経済学者をはじめとした「専門家」や政治家・官僚達は、「**今の日本じゃ、10～15兆円の財政拡大を２、３年も続けるなんてことは無理だ**」と口を揃えて言うに違いない。

しかし、そんな主張には何の根拠も存在しないことは、本章の冒頭で述べた「**国が破綻するから消費税だ」説の「デマ」**を説明する際に解説した通りだ。つまり、日本銀行が80兆円も毎年、国債を買い続けている状況で、その１～２割程度にしか相当しない10～15兆円程度の国債増発で、日本の破綻の危機が高まる筈もないのである。

生活経済大国を実現する未来投資10項目

ところで、年間10〜15兆円もの財政政策は、一体何に支出すべきなのであろうか。

実は、その財政支出が内需を拡大するものである限りでは「(少なくとも経済理論的には)何でも構わない」というのがその答えだ。つまり、理論的に言うなら、デフレを終わらせるために必要なのは内需を拡大することであり、そのために政府の支出を兎に角拡大しさえすれば良いのであり、その支出項目は本当に何でも構わないのである。

ただし、この答えには、多くの方々は心理的な抵抗を覚えるだろう。政府がカネを使うにあたって、そのカネで何を買っても良いなどと、何と不道徳な――と感じる方は多かろうと思う。筆者ももちろんそう思う。政府支出に無駄があってはならない、効果的な支出項目に支出すべきだ、というのが、一種の「モラル」だからだ。

したがって筆者は、そんな庶民感情を逆なでするように、「デフレを終わらせるためならば、政府は大量のオカネを何に使っても構わない」とあえて主張する必要もなかろうと思う。政府がデフレ脱却を果たすために10〜15兆円もの規模で政府支出を拡大するなら、国的に資する項目をしっかりと検討し、そこに充当していけば良いのだ。

そもそも我が国の各省庁は、予算さえあれば、それぞれの立場から「公益」を増進するために推進すべきと考えている行政項目がたくさんある。その一方で、財務省による財政規律があるためにそうした行政が展開できていない、その結果、公益が毀損してしまっている、というのが実情だ。

筆者はそういう実情を鑑み、「生活経済大国」を実現するという基本的なビジョンの下、今政府が為すべき「未来投資」項目として、図4に示した10項目を今、政府、与党内外に提案している。

この提案は、2018年6月にとりまとめられた、日本政府の政府支出の基本方針についての「骨太の方針2018」に、以下の文言が明記されたことを受けて、その具体的な内容としてどういったものがあるのかを、内閣官房参与の立場から、包括的に検討したものである。

「中長期の視点に立ち、将来の成長の基盤となり豊かな国民生活を実現する波及効果の大きな投資プロジェクトを計画的に実施する」

この文言は「閣議決定」されたものであるから、要するに政府は今、将来の日本をしっかりと成長出来る国にするための投資プロジェクトや、豊かな国民生活に資する投資プロジェクトを考え、「計画的」に実施していくということを、正式に決定し、宣言した格好となっている。

図4　生活経済大国を実現する未来投資10項目

1.「society5.0」未来投資　4兆円／10年（追加投資額）

・地方中心都市（都道府県庁所在地など）における「ドローン活用物流システム」の構築。

・地方の高齢者の移動を支援する「道の駅」（全国約1100ヵ所）周辺の自動運転システムの構築。

・東名・新名神の自動運転専用車線の整備（4車線→6車線に拡幅）。将来的には全国で「自動運転専用車線ネットワーク」の形成。

2.「技術立国復活」未来投資　3兆円／10年（追加投資額）

・「量子コンピュータ技術開発」に4000億円／10年（追加投資額）程度で投資。次世代コンピュータである量子コンピュータについての技術開発は、我が国起点のものであるにもかかわらず、十分な商用化のための投資が行われておらず、我が国は大きく立ち後れている。EUや米中水準の開発速度の確保が必須。

・「ILC（国際リニアコライダー）」に対して、1500億円／10年（追加投資額）程度投資。長期的視点に立てば、整備効果は甚大で、「核廃棄物の短寿命化」や「安全保障」等に幅広く応用可能。世界中の最先端企業を、このILC周辺に呼び込む。

・技術立国のために不可欠な「人材投資」も推進。

・その他、ライフサイエンスや産業活動のICT活用技術開発等にも重点投資。

3.「観光立国実現」未来投資　3兆円／10年（追加投資額）

・生活経済大国において観光の充実は必須。

・例えば国際クルーズ関連の投資（船の入港に対応した港湾岸

壁整備、港湾と高速道路とのアクセス整備）等。短期集中的に実施。

4.「巨大災害に対する強靭化」未来投資　約5兆円／年（少なくとも15年間継続）

・生活経済大国にとって巨大災害対策は必須。不在であれば、国民の生活経済は確実に崩壊。
・三大都市圏の「L2巨大洪水対策＆巨大高潮強靭化」未来投資におおよそ0.6兆円（年）×15カ年。「南海トラフ＆首都直下地震強靭化」未来投資におおよそ3兆円（年）×15カ年。
・リダンダンシー確保・避難路確保・地方分散化等のための全国高速道路の整備、橋梁強靭化、堤防整備、港湾の耐震強化、等を含む。
・「減災効果」を通した「税収縮小回避＝増収」効果は、投入費用総額に遜色ない水準、あるいはそれ以上得られる見通し。
・「15年以内の完了」を目指さなければ、「間に合わない」可能性が五分五分を超える。したがって、遅くとも「15年以内の完了」を目指す。

5.「地方創生回廊」未来投資（新幹線）　約12兆円／20年

・全国での生活経済大国の実現に必須な地方創生において、地方と地方をつなぐ高速交通ネットワークは必要不可欠。
・現在の新幹線の整備区間（北陸・長崎・北海道新幹線）の加速に加えて、四国・東九州・伯備・山陰・羽越新幹線などの整備計画化＆事業化を図る。
・合計約1200キロの新幹線整備。
・「リニア整備」による「三大都市圏集中」の緩和のために不可欠。「地方分散化」を促し、かつ、首都直下地震や首都圏巨大洪水・高潮対策のためにも効果的（減災効果は30兆円規模であると試算されている）。

・あわせて、「新幹線駅機能拡充」の未来投資も図る。そもそも種々の新幹線整備を進めるには、こうした投資が品川、名古屋、新大阪、岡山などで必須。民間資金も活用。

6.「都市・地域モビリティ確保」未来投資　3兆円（事業費）／20年（追加投資額）

・生活経済大国の実現に、モビリティの確保は絶対に欠かせない。
・鉄道、地下鉄、LRT、BRT等の都市・地域内の交通投資。新幹線整備に伴う並行在来線問題への対策としても実施。
・例えば、東京駅〜羽田空港直結線、地下鉄8号線延伸（豊洲〜住吉）、大阪万博に向けた新規鉄道整備（地下鉄なにわ筋線の延伸など）等

7.「インフラ長寿命化」未来投資　4兆円／年

・インフラの老朽化を放置していては、生活経済大国の実現は不可能。
・既存の重要インフラ（道路、治水、下水道、港湾など）の維持管理、長寿命化のための投資をコンスタントに行っていく。
・「森林」についても国土インフラとして、その保全事業を展開。

8.「次世代型の新資源・エネルギー」未来投資　2兆円／10年（追加投資額）

・生活経済大国実現に於いて新資源・エネルギーの自己調達は必須。
・海底資源開発、海洋における天然ガス・メタンハイドレート開発、高効率石炭火力、水素利活用、ダム再開発等。

9.「食料自給率」未来投資　2兆円／10年（追加投資額）

・生活経済大国実現に於いて食料の自己調達は必須。

・農地大規模化／高度化投資、海洋資源のための海底山脈投資、漁港投資等。TPP対策としても重要。

10.「国民安全保障」未来投資　１兆円／年間　（追加投資額）

・海上保安システム・諸島防衛の高度化、核シェルター投資等

図4に示した「10項目」はまさに、そうした閣議決定で示された方針を具体化するものである。すなわち、これらの投資は、近未来の日本を世界最先端の技術立国に「復活」させると同時に、その技術を活用して疲弊した地方や都市、そして、様々な産業（農工業、観光・エネルギー業など）を復活させ、巨大災害やインフラの老朽化、さらには近隣諸国の脅威から国民を守らんとするものなのである。

そしてこれらの「未来投資」は、「財政」の視点から言うならいずれも、将来の日本の財政基盤を強化し、**将来の税収の増加に寄与するものばかりだ**。だから、これらの投資はいずれも、「国債」を躊躇なく発行することで資金を（年間10～15兆円程度の水準で）調達し、それを原資として進めれば良いのである。

こうした投資を進めれば、「内需」を拡大させてデフレを終わらせ、税収を抜本的に増加させていくのみならず、その投資によって形成された様々な資産が、日本経済を活性化し、牽引していくことを通しても税収を抜本的に増加させる。なお、前者の効果は、経済のフロー（マネーの流れ）を活性化させる効果という趣旨で**「フロー効果」**と呼ばれ、後者の効果は、投資によって形成されたストック（資産）が、

経済にプラスの影響を与えていくという趣旨で「ストック効果」と呼ばれている。

そしてこれらの用語を用いるなら、以上の提案は、デフレ脱却を果たすための財政政策を進めるのなら、（フロー効果とは異なる）より大きなストック効果を発揮する項目への投資プロジェクトを進めるべきだ、という提案なのである。

未曾有の大被害が連発する今、「強靱化投資」はとりわけ重要な喫緊の課題

ところで、2018年の夏は、大きな自然災害が連発した。6月の大阪北部地震を皮切りに、200名以上の犠牲者を出した7月の西日本豪雨、8月には数百人規模で熱中症死者を出した記録的酷暑、そして9月には関西空港を閉鎖に追い込む等の激甚被害をもたらした台風21号、そして、北海道全域を停電に追い込んだ震度7を記録した北海道胆振東部地震——どれ一つとっても、災害史に残る大きな自然災害が、実に毎週起こる程の頻度で連発した。

本書執筆時点（2018年9月7日時点）で今、政府が速やかに遂行すべき「未来投資」項目は、これらの災害で生じた被害の「復旧」だ。

そもそも復旧は投資と区別されることが多いが、これもまた、（骨太の方針で言われる）「将来の成長の基盤となり豊かな国民生活を実現する波及効果の大きな投資プロジェクト」の一

つだ。そもそも、道路や鉄道や空港、民間の工場等の諸施設が災害で破壊された時、それを放置すれば、人々は「生産」活動をすることも、「消費」活動することも出来ず、甚大な経済被害が生じ、その結果、日本経済全体が大きく停滞する。ところが、それらを迅速に復旧すれば、そうした経済被害を大幅に減ずる事ができる。両者を比べれば、「復旧投資」には、大きな「経済効果」があるという次第だ。

例えば本書執筆時点の今、台風21号で関西空港が閉鎖され、北海道胆振東部地震で新千歳空港が閉鎖されている。これら両空港の復旧が遅れれば遅れる程、北海道経済も関西経済も凄まじい経済被害を長期にわたり受けることになり、日本全体が深刻な経済ダメージを負う。だから今、それらを迅速に復旧する「投資」には「巨大な経済効果」があるのである。

復旧は、被災した方々を救うという「道義的」な視点からも当然求められるものであるが、純粋に経済的な視点から考えても、**極めて効果的な「成長投資」**とも言えるわけだ。

同様のことが「防災投資」についても言える。

例えば、土木学会の試算では、首都直下地震が起これば７００兆円以上、南海トラフ地震が起これば１２００兆円以上もの巨大な経済被害が生ずるであろうことが予期されている。この試算では、これらに対して適切な「防災投資」「強靱化投資」を果たせば、その被害を３～４割程度は減ずることが出来ることも示されている。首都直下地震については10兆円の政府投資で２４７兆円、南海トラフ地震については38兆円の防災投資で５０９兆円もの減災効果があると試算されている。いわば、未曾有の被害についての防災投資は、その何十倍もの「経済効果」を持つのである。

さらに言うなら、防災投資は、大きな「税収増効果」があるとも言える。つまり、災害が起これば経済が停滞し、税収も減る。ところが、防災投資をしっかり行えば経済停滞や、税収減少を食い止めることができ、結果的に「税収を増やす効果」が得られるわけである。上記の首都直下地震、南海トラフ地震の防災対策については、投入する金額（それぞれ10兆円、38兆円）の2倍前後の「税収増効果」があると試算されている。

言うまでもなく、同様のことが地震だけでなく、洪水や土砂災害、高潮等、あらゆる自然災害について言うことができる。

そして何より、2018年の夏の大型災害の連発に象徴されるように、「災害大国日本」ではこれからますます自然災害が頻発することが危惧されている。南海トラフ地震も首都直下地震も、年々、それが発災する「Xデー」が近づいてきているし、豪雨災害は、地球の温暖化に伴ってますますその頻度と規模が拡大し続けている。

こうした状況を鑑みれば、防災投資、国土強靱化投資は、先に述べた未来投資項目の中でも特に重要な喫緊の課題であると位置づけることができるだろう。

「ストック効果」がある投資は、国債発行で進めることが合理的

ところで、ここで、

1　投資に何らかの「ストック効果」があるなら、仮に、その投資にフロー効果が皆無であったとしても、財政を増やす効果がある

2　だから、ストック効果が存在する投資は、過剰な財政規律で「抑制」してしまえば、かえって、財政基盤を「弱体化」し、財政を「悪化」させてしまう

3　それ故、ストック効果が高い投資については、財政規律で抑制することなく、積極的に国債を発行し、推進していくことで、財政基盤を強化し、財政を健全化させる

という点について、改めて指摘しておきたいと思う。

図5をご覧頂きたい。

これは、先に述べた「強靱化投資」「防災投資」において、国債を使うことが如何に合理的なのかを示すものだ。

この図の、**「均衡財政方式」**というのは、国債を発行せずに、毎年少しずつ防災投資を進めていくものだ。これは、ある河川において、少しずつ堤防を整備していく、というイメー

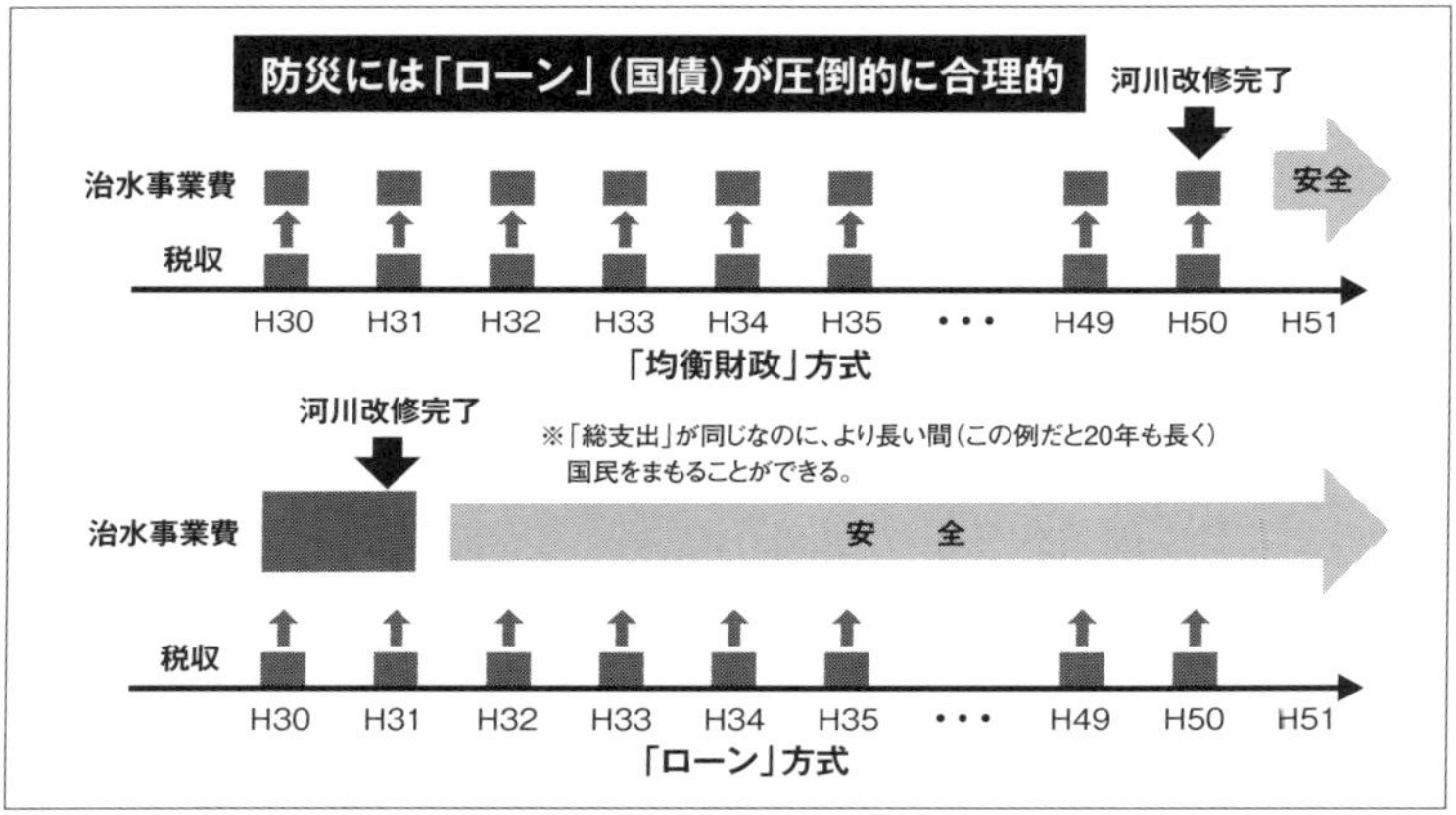

図５　国債発行に基づく「ローン」方式と、国債を発行しない「均衡財政」方式の比較

ジだ。

一方で、「ローン方式」というのは、国債を大きく発行し、大量の資金を調達し、それに基づいて初期数年で防災投資を完了させるというものだ。そして、その国債発行で借りたカネについては、毎年少しずつ返していく、というものだ。

ここで重要なのは、もしも金利が「ゼロ」なら、どちらの方式でも、**毎年毎年支払うカネの金額は全く同一**だという点だ。「均衡財政方式」なら、毎年支払うカネで少しずつ作っていく一方、「ローン方式」なら、それと同額のカネを、カネを貸してくれた人に返していくという違いはあるものの、どちらの方式でも、毎年毎年の財布から出て行くカネは全く同一なのである。

しかし、「均衡財政方式」では、（この図の例で言うなら）平成31年から平成50年までの約20

年の間の大雨や台風によって、洪水が発生し、人が死んだり、流域の都市資産が破壊されていく一方で、「ローン方式」では、その約20年の間、洪水が発生することもなく、人も死ななければ、流域の資産も破壊されては行かない。

言うまでもなく、洪水があれば政府は、「復旧や復興」についての余分な出費が嵩んでしまう。だからその分、「均衡財政方式」では「ローン方式」よりも余分な政府支出が拡大するわけだ。しかも、洪水があれば、被害にあった流域の人々の経済が低迷し、その結果、税収も縮小することとなる。だから、その分、「均衡財政方式」は「ローン方式」よりも税収が低くなってしまう。

こうした理由から、**国債を大量に発行して一気に作り上げてしまえば、**（金利がなければ）政府支出を一切増やすことなく、つまり、財政に対する悪影響を排除した上で、防災能力を早期に高め、それを通して、**政府支出を減らし、税収を増やし、財政を改善することになる**のである。

これと同じことが防災に限らず、あらゆる「未来投資」についても言える。

財政を改善させる未来投資なら、国債を発行してとっとと早く済ませておけば、早期に税収が増え、トータルの税収が（国債を発行しない場合よりも）**増えるのである。**例えば、早期に科学技術力や経済産業力を高める投資を国債を通して進めておけば、日本の国際競争力や成長力が早期に高まり、より大きく成長し、トータルの税収が増えることになる、というわけだ。

なお、現在は「超低金利」であるから、上記の議論がほとんど全ての効果的な未来投資について妥当するが、金利が一定程度の水準に到達すれば、国債を発行すれば、そうしない場合よりも「利息払い分」だけ、支出が増えることとなる。しかし、その場合でも、そうした「利息払い分」と「早期投資によって増える税収」とを比較衡量し、国債を発行して早期に実現しておく方が、(政府の財政から見て)「得」であるような投資を選定し、それを推進すれば、財政は改善していくことになる。

いずれにせよ、**「投資」は国家を豊かにする。**

だから、現在の財政法でも、そうした「投資」についての国債は、通常の国債とは異なる「建設国債」として扱われており、国会の決議を経ることなく、政府の判断で発行することが可能となっている、という点は先に指摘した通りだ。

つまり、財政法を作った先人達は、投資については財政を改善する効果があることをよく認識していたのである。

なお、「投資」についての借金は、それ以外の借金と区別する姿勢は、一般の世帯においても同じだ。借金など一切しない真面目なサラリーマンでも、住宅ローンを組むのが一般的だからだ。

だから、**財政を健全化させるためにも、政府はそんな合理的な「投資」を、躊躇なく国債**

を発行することを通して進めていく必要があるのだ。

万一、過剰な「財政規律」に配慮して、そうした投資が抑制されていくのなら、皮肉にも、財政はますます「悪化」する。

実際、我が国政府は今、プライマリーバランスという、政府の財政の基礎的な「収支」を、2025年度に「黒字化」するという目標を掲げ、政府支出を毎年毎年「抑制」しているのだが、この姿勢こそが、財政を悪化させる根本的原因なのである。だから財政基盤を強化する「投資」については、そうした「規律」の対象から外していくことが必要なのである。

政府の理性的な判断を、心から祈念したい。

日本経済・財政の再生作戦3：10％消費増税＋「長期の超大型財政政策」の覚悟が必要

以上が、日本経済を再生し、財政基盤を強化するための、筆者の提案だ。

要するに消費増税を凍結し、それに加えてさらに消費「減税」を行う（作戦1）か、消費増税を凍結すると共に、大型の財政政策を、合理的な投資項目を選定しつつ、年間10～15兆円規模で2、3年継続する（作戦2）かのいずれかが、必要だというのが、筆者の主張だ。

しかし、今後の国会や政府の議論において、本書の議論――というよりも「警告」――が十分に考慮されることなく、誠に残念ながら10%消費増税が断行されてしまう可能性は否定出来ない——。

その場合、我が国経済は、さながら「巨大災害」に遭遇したような「経済被害」を受けることとなろう。

繰り返すが、2019年～2020年にかけて、10%増税によって消費が激しく冷え込むことに加え、働き方改革によって残業代が縮小し、労働者の賃金が5～8兆円規模で縮小し、かつ、オリンピック特需が終了する。その上、今日本経済を辛うじて支えている「外需」(輸出)も低迷していくリスクも大いに考えられる。

こうした状況を踏まえれば、日本経済は、多くの国民が想像もしていないような巨大被害を受けることになる。

言うまでもなく、本書は、そんな「巨大被害」を防ぐことを企図して書かれたものである。しかし、最悪、その「発災」を防げない可能性は否定出来ない——。

もちろん、今、政府で具体的に議論されている**「軽減税率」**(食料品などについては、消費税率を8%に据え置く、という制度)も重要であり、その対象を可能な限り拡大していくことは必要ではあるが、それだけでは、10%消費増税による未曾有の被害を食い止めることは出来ない。

この時、政府は、日本経済を守り、政府の財政基盤を守るために一体何が必要なのかと言えば――超大型の財政政策を、デフレ完全脱却が見届けられるまで徹底的に進めることを置いて他にない。

消費増税を凍結しても、現下の状況を踏まえれば、10～15兆円の大型財政政策を2、3年は継続しなければデフレ完全脱却は実現できないわけだから、消費増税をしてしまえば、さらに大きな財政政策をより長期で行う必要があろう。

しかし、残念ながら、政府の財政執行能力を考えれば、年間、20兆円や30兆円の財政政策を執行していくことは、必ずしも容易ではない。現実的な執行能力を考えれば、せいぜい、15兆円程度しかできない。だから、そうした予算執行を4、5年間は継続していくことが必要となろう。

ただし、こうした財政の拡大においては、「補正予算」ではなく、当初予算を3～5％ずつ、つまり、2～3・5兆円ずつ、毎年拡充していくことも必要だ。そのための予算はもちろん、建設国債が中心だが、社会保障等についてのどうしても不足してしまう分については特例国債を通して調達していくことが不可欠となろう。

ただし、可能な限り特例国債の発行を抑制するためにも、本書第4章で論じた「法人税増税」や「所得税の累進性の強化」や、「過剰医療の抑制」を通した「社会保障費の合理化」も同時に進めていくことが必要となる。

そして、そうした「当初予算の拡大も含めた、超大型財政政策」を「4～5年程度継続」

しつつ、物価上昇率2%、名目成長率3%、実質成長率2%を目指していくわけである。

消費税が10%となった暁には、そうした目標達成は絶望的に難しいものとなるのだが――本当に我が国が消費増税してしまうのなら、以上に述べた、**「超大型財政政策の中長期的継続」**をデフレ脱却が果たされるまで継続し続ける他に、日本を守る術はない。

逆に言うのなら、もしも政府が10%への消費増税を断行しようとするのなら、政府はそんな**「超大型財政政策の中長期的継続」**の断行が不可欠なのだと、**「覚悟」**せねばならない。

さもなければ、その消費増税は単なる**「愚かなる人災」**として歴史に刻まれてしまうことは、残念ながら避け得ないのである――。

終章

今、何よりも必要なのは「物語転換」である

今、日本は激しく疲弊している。かつては「経済大国」と呼ばれ、90年代には世界経済をさまざまな領域で「牛耳る」程の凄まじい力を世界に見せつけていた。

しかしあれから20年。

今の日本にはそんな勢いは全く見られなくなった。

中国にも追い抜かれ、今や、その規模は3倍にまで拡大しようとしている。日米の経済格差は開く一方で、インドや韓国にも追い抜かれつつある。

こんな状況に陥ってしまったのは、我が国一国が、世界の中で成長できなくなってしまっているからだ。過去20年の間の経済成長率は、断トツの「世界最下位」であることは、本書で指摘した通りだ。

なぜ、そんな状況に陥ったのか、そしてその状態から、どうすれば脱却することができるのか――それが、本書全体を通して考えようとしたメインテーマだった。

その「理由」は消費増税をしてしまったことであり、この最悪の状況から脱却する「方法」は、10％消費増税を凍結すると同時に、10～15兆円規模の大型経済対策を行えばよい、という極めてシンプルなものだった。

しかし本書の重要なメッセージは、真の「理由」や「方法」は、実はそういう表面的な政策論では「ない」という点にあった。

今、日本が成長できない真の理由は、「今の日本人が、日本経済について根本的に間違った『物語』を信じている」というものであった。
その物語とは、次のようなものだ。

「今の日本はもう、成長出来ない国になってしまった。人口は減少するし、高齢者は増え続けるから、社会保障費が年々拡大し、国の借金は膨大に膨らんだ。このままではもう、国が破綻することは間違いない。そんな悪夢を避けるには、不況でも安定的な税収が得られる消費税を増税するしかない。消費増税は経済に確かに少々悪影響を与えるが、それよりも国の破綻の方が遥かに深刻な問題だ。だから日本を守るためには消費増税は、絶対に必要なのだ。10%はまだ、一里塚だ。本来なら15%や20%程度にまで上げなければならないのだ。にもかかわらず、我が国にはまだ、そんな当たり前の状況認識を持たず、10%への消費増税を阻止しようとする奴がいる。そういう奴は、日本を破綻させる不道徳極まりない輩なのだ」

しかし、この「物語」は、完全に事実から乖離している。
この物語では、以下の「事実」と整合していないのだ。つまり、消費増税で消費が冷え込み成長出来なくなったという事実、その結果税収が減って赤字国債発行額が一気に拡大したという事実、人口減少国家でも日本以外は全て成長しているという事実、借金総額が1000兆円を超えているにもかかわらず日本の国債金利はほぼゼロあたりを推移しているという事実、そして、大型財政政策を行った国家において確かに高い成長率をたたき出しているという事実——これらの「事実」は一つ残らず、今の日本人が、経済の専門家を中心として信じている「物語」とは全く整合しないのである。

したがって、**これらの「諸事実」は、先の物語が「間違いである」ことを強烈に実証してみせているのである。**

にもかかわらず多くの人々が、多かれ少なかれこの「物語」を信じてしまっているのは、一つにはこうした「事実」を知らないからであるが、より本質的な理由は、経済の専門家達が、それらの「事実」を完全に無視しつつ、そんな「物語」を声高にメディア上で主張し続けているところにある。

例えば、今、この最後の章を執筆している2018年9月2日の読売新聞の朝刊の「一面」には、日本経済学会の会長もお務めになった、日本の経済学界の最重鎮とも言うべき吉川洋東京大学名誉教授が、次のような論説を掲載していた。

「財政赤字を解消するためには、まずは何よりも経済成長と言う人がいるが、これは間違っている」

「増税すれば消費者の購買力はその分少なくなるから、GDPの6割を占める家計の消費は減少する。しかし、この『減少』は一時的なものだ」

「EUでは加盟国に付加価値税率を15％にするよう求めている。日本では、消費税率を19年10月に10％に引き上げることだけに注目が集まっているが、これは一里塚に過ぎない」

読売新聞の一般的な読者は、こうした論説を、経済学の国内の最高権威者とも言える吉川洋東大名誉教授がここまで強い調子で断定的に書いていれば、「なるほど、やはり消費増税は必要なのか――10％どころか15％くらいは目指さないといけないのか――」、と素朴に信じてしまったとしても何ら不思議ではないだろう。

しかし、こうした主張は全て「事実」から乖離していることは、本書読者ならもうご理解いただけるであろう。それらの吉川氏の主張はいずれも、1997年増税も2014年増税も共に、激しく消費を縮小させ、日本をデフレ化させ、「一時的」どころか「長期的」な消費の縮小、経済の低迷を導いたという「事実」を無視しているし、かつ、それを通して赤字国債が一気に拡大してしまったという「事実」を完全に無視しているからだ。

だから、日本が成長し、真の財政健全化を目指すのなら、世間一般が共有している、日本経済と財政についての「物語」を、事実と整合したもの（つまり、より「正しき」もの）へと「転換」しなければならないのである。

本書の狙いはまさに、この「物語転換」を果たすことであった。
本書が主張する、物語とは、以下のようなものだ。

「今の日本は、バブル崩壊で傷ついた状況下で断行された1997年の消費増税によって、デフレ・スパイラルが展開するデフレ経済へと凋落してしまった。その結果、日本の経済成長率は世界最低に凋落し、国民は貧困化し、格差は拡大し、そして、財政は大きく悪化してしまった。そもそもデフレ下では、民間は投資を減退させ、黒字を貯め込むようになるため、必然的に政府の「赤字」は拡大する。だから、政府の赤字を縮小し、財政を健全化するためには、デフレ脱却を果たす以外に方法は存在しない。そして、デフレ脱却を果たすためには、消費増税を凍結し——ないしは減税し——大型の財政政策を2、3年間継続する他に道はない。それができれば、デフレ・スパイラルが終わりインフレ・スパイラルが駆動するようになる。そうなれば自ずと経済は成長し、必然的に財政は健全化していく。ただし、社会保障を持続可能とするためには、例えばスウェーデンの医療制度を参考にしつつ、『過剰』な医療サービスを抑制していくことも重要である。同時に、消費増税を抑制するのなら、消費税ではなく、所得税や法人税を重視した税制改革を推進していくことも必要である」

この「物語」は、筆者が認識するあらゆる「事実」と整合するものであり、その意味において、この「物語」は、世間が共有している「物語」よりもより「正しい物語」だと言わざるを得ぬものである。

そして、この「物語」への「物語転換」が我が国において生ずることがあれば、消費増税は回避され、大規模な財政政策が断行され、経済成長と格差是正を促し、かつ、持続可能な「税と社会保障の一体改革」が進められることとなろう。結果、我が国は諸外国と同様に、成長することのできる「普通の国」となり、国民の暮らしはもっと豊かになり、そして、財政は根本的に健全化されていくこととなるのだ。

果たして我が国は、こうした「物語転換」を果たすことが出来るのだろうか？

筆者はまずは、本書の読者だけでも、そんな「物語転換」を果たしてもらいたいと、切に願っている。

そして、それが叶えばぜひ、読者の周りの方の「物語転換」を促してもらいたい。それは、SNSやブログなどを通して、あるいは、家族や友人等、まずは身近な方々でももちろん構わない。直接説明頂いても良いし、本書を紹介してもらう格好でももちろん有り難く思う。

とりわけ、マスメディア関係者には、そんな「物語転換」を促す記事や番組を是非とも、企画して頂きたい。

そして、政治に関わる関係者においては、そんな物語転換を促す議論や政治的決定を促してもらいたいと思う。

——筆者が今、本書を通して出来ることは、少なくともこうして、読者各位に依頼申し上げることを置いて他にない。

だから筆者は、一人でも多くの読者に、こうした筆者の認識を共有頂きたいと考えている。

日本が「救われる」とすれば、もはやこの方法しか残されていないのだ。

著者について

藤井 聡（ふじい・さとし）

1968年、奈良県生まれ。京都大学大学院工学研究科教授（都市社会工学専攻）。京都大学工学部卒、同大学院修了後、同大学助教授、東京工業大学助教授、教授、イエテボリ大学心理学科研究員等を経て、2009年より現職。また、11年より京都大学レジリエンス実践ユニット長、12年より安倍内閣・内閣官房参与（防災減災ニューディール担当）、18年よりカールスタッド大学客員教授、ならびに『表現者クライテリオン』編集長。文部科学大臣表彰、日本学術振興会賞等、受賞多数。専門は、公共政策に関わる実践的人文社会科学。著書に『プラグマティズムの作法』（技術評論社）、『社会的ジレンマの処方箋』（ナカニシヤ出版）、『大衆社会の処方箋』『国土学』（共に北樹出版）、『〈凡庸〉という悪魔』『国民所得を80万円増やす経済政策』（共に晶文社）、『プライマリー・バランス亡国論』（扶桑社）、『経済レジリエンス宣言』（編著、日本評論社）、『グローバリズムが世界を滅ぼす』（共著、文春新書）など多数。

「10%消費税《しょうひぜい》」が日本経済《にほんけいざい》を破壊《はかい》する

——今こそ真の「税と社会保障の一体改革」を

2018年11月10日　初版

著　者　藤井 聡

発行者　株式会社晶文社

東京都千代田区神田神保町1-11 〒101-0051

電　話　03-3518-4940（代表）・4942（編集）

URL　http://www.shobunsha.co.jp

印刷・製本　中央精版印刷株式会社

ISBN978-4-7949-7063-3　Printed in Japan